狭い畑で
病害虫を防ぎ
品質・収量
アップ

連作で
よく育つ
野菜づくり

木嶋利男

家の光協会

はじめに

日本で栽培されている野菜類の原産地は、ほとんどが海外です。原産地の気候や土壌などの環境条件と、日本の栽培条件とが大きく異なっている場合が多く、野菜栽培のネックになっています。不適な環境条件で育てた野菜類には、生育不良や病害虫が発生します。現在、これらを解決する手段の一つが化学肥料や農薬であることはいうまでもありません。

しかし、農作物の渡来は縄文時代に始まり、江戸時代までには現在栽培されているほとんどの野菜が導入されていました（明治以降ではハクサイやキャベツなどごくわずか）。化学肥料や農薬のなかった時代、先人たちはどのような方法で栽培してきたのでしょうか？

野菜の原産地は、スイカやオクラ等の熱帯乾燥型、キュウリやナス等の熱帯湿潤型、キャベツやホウレンソウ等の地中海型に大きく分けられます。野菜類が枯死したり休眠したりしたとき、その茎葉は微生物やミミズなどの土壌動物によって分解されて土に戻り、次に芽生える野菜類の栄養分となります。原産地では環境条件が変わらない限り、野菜類は同じ場所に毎年同じように生育しています。

先人たちは農作物が渡来してきたとき、栽培場所や時期を選ぶのに大変苦労したと思われます。まず、発芽（萌芽）や生育する温度（時期）選びが大切です。このために、山肌の雪解けの形、鳥の初鳴き、草木の開花、紅葉などをもとに、適期を表す自然暦を作り出しました。

また、農作物にはそれぞれの野菜が好む適地があります。砂地を好むメロンやサツマイモ、粘質土を好むソラマメやショウガ、酸性を好むサトイモや水稲、アルカリ性を好むホウレンソウやネギなどです。不適地である場合は水はけの改善、砂や土の搬入、緑肥や堆肥などにより土壌を改善しました。土壌中には、はじめに栽培された野菜類の老廃物や残渣が残っており、それらを分解する微生物や土壌動物もまだ少ない状態です。そのため、これを餌に病害虫が発生しますが、さらに栽培を続けると、分解微生物や土壌動物が増殖していきます。

栽培する野菜類に合った土づくりをし、栽培時期の管理をすれば、野菜類の老廃物や収穫残渣が連作によって地中にふえた微生物や土壌動物に分解されて土に戻り、畑の物質循環がスムーズに行われて、原産地に似た土壌環境ができあがるのです。

本書では連作によって生じる現象と連作の有効性、連作障害の対策技術等について解説しました。また、連作を実践し、成功している生産者の例も挙げました。みなさんが家庭菜園を楽しむための一助になれば幸いです。

木嶋　利男

狭い畑で病害虫を防ぎ品質・収量アップ

連作でよく育つ野菜づくり

目次

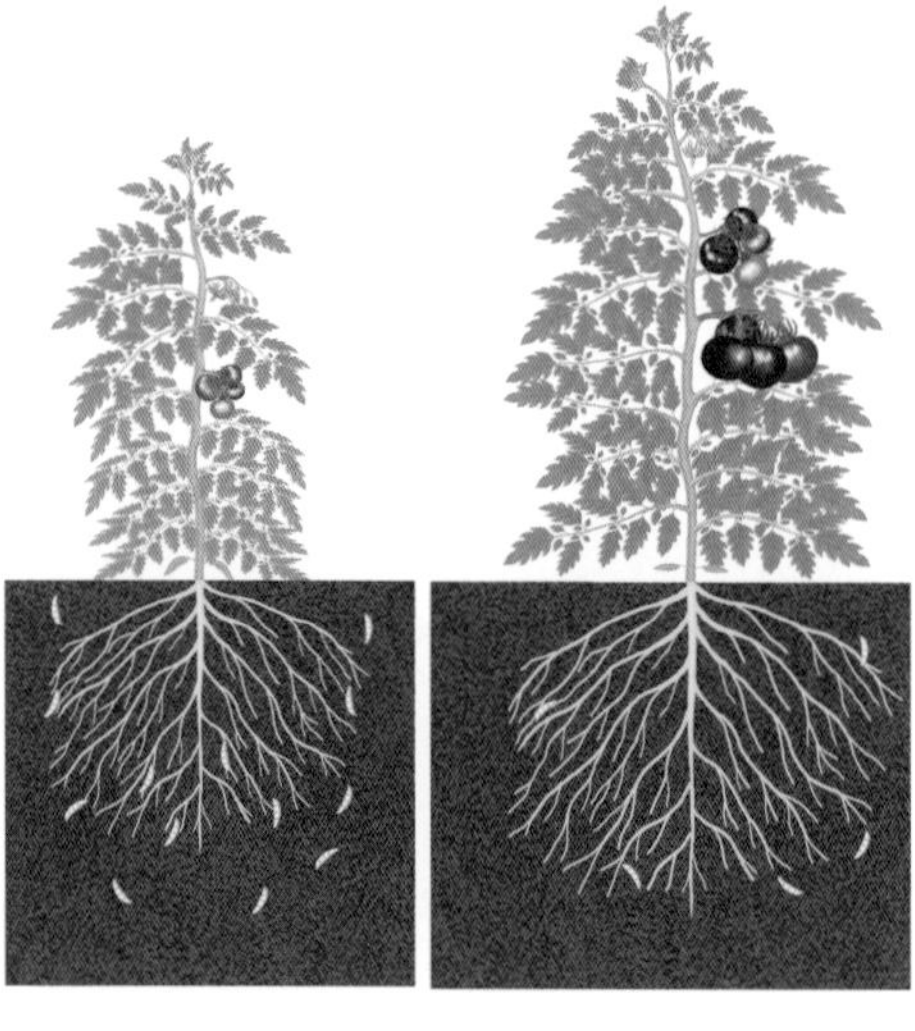

2章 野菜別 連作障害予防・対処のワザ 41

3章 めざせ！ 連作の達人　107

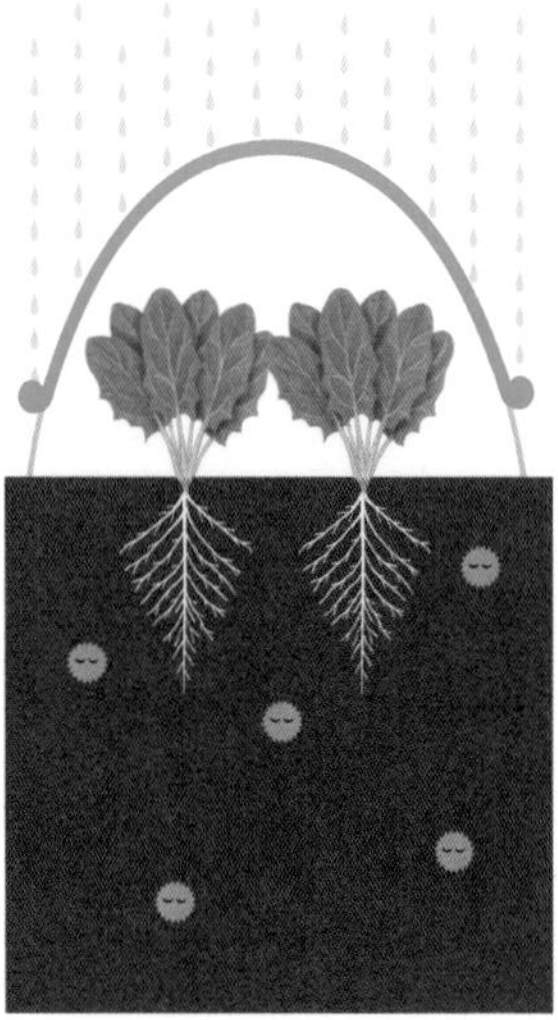

この本の見方

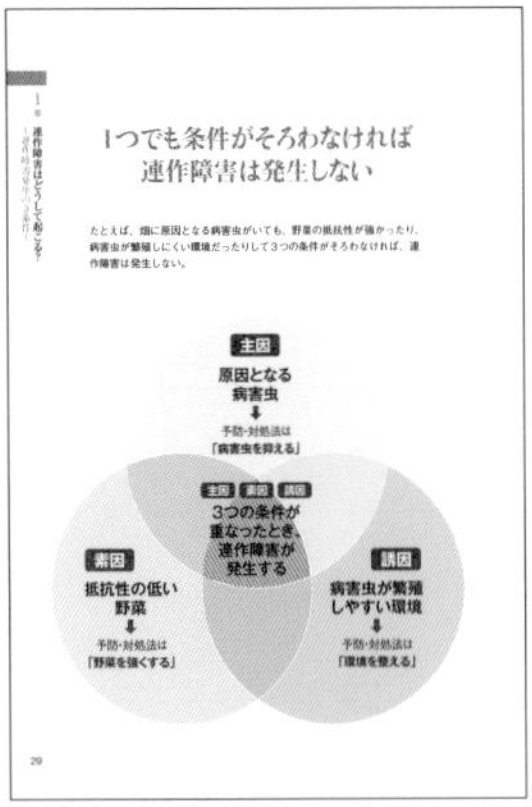

1章では…

そもそも連作や、連作障害とはどんなものか、原因や症状、基本の対策を紹介しています。

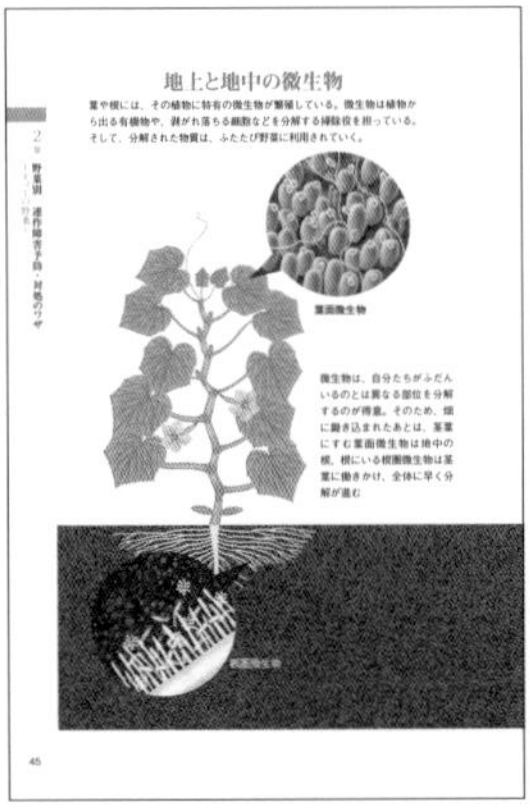

2章では…

連作障害を防ぐための対策や、障害に負けないための対処法を野菜別に紹介しています。

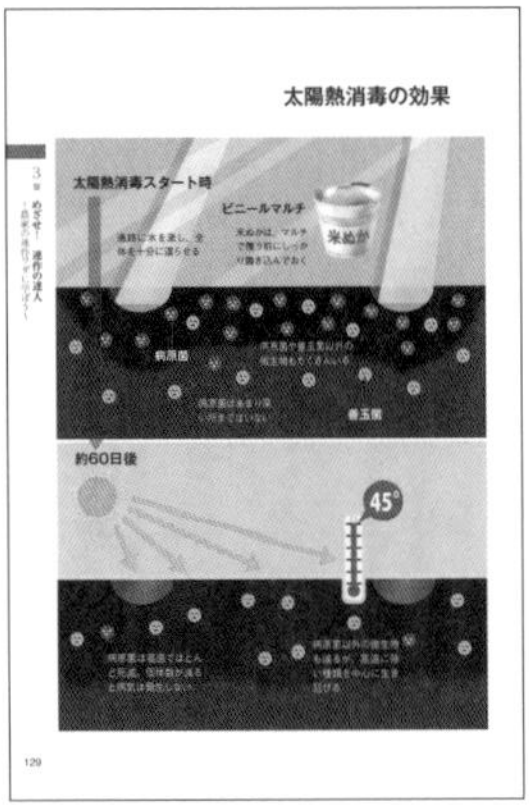

3章では…

連作や連作障害のQ&Aと、連作を実践する生産者のワザを紹介しています。

※栽培法や作業適期は関東地方の平坦地を基準にしています。

1 章

連作障害は どうして起こる？

そもそも「連作」とは？

「連作」という言葉、あいまいなまま使っていませんか。どのような栽培方法を連作というのか、まずは連作の定義についてじっくりと考えてみましょう。

同じ野菜を続けて作る＝「連作」でしょうか？　たとえば、春から夏にキャベツを育てて収穫した場所で、秋に連続してキャベツを育てると、確かに連作になります。でも、それだけではありません。

　こんな場合はどうでしょう。春から夏にキャベツ、秋から冬にレタスを育てた畝で、また翌年の春からキャベツを育てるとすると？

　答えは、これも連作です。翌年も①同じ時期に、②同じ場所で、③同じ野菜を育てることを連作と呼びます（左ページの上図）。実際に行われている栽培で多いのはこの連作。そして、「連作障害」でしばしば問題になるのもこの場合です。

　もう一つ、注意が必要なのは野菜の「科」です。ナスを育てた畝で、翌年も同じナス科のトマトやジャガイモを育てると、これも広い意味での「連作」になります。

　「連作障害」を避けるために、育てる野菜を一定期間ごとに入れ替える「輪作」をするのが栽培の常識とされています。しかし、家庭菜園などの少量多品目の栽培では、厳密な輪作は困難です。限られた数種類の野菜を育てる大規模農園と異なり、多品目なら万が一、連作障害が起きたとしても、一部にとどまる場合がほとんど。周囲に多様な種類の野菜が育っているため、畑の環境は豊かで、回復する能力も高いといえます。

　つまり、連作しても障害が起きなければ問題はありません。むしろ、障害が起きないような工夫を施して、連作の「おいしいとこ取り」をめざしましょう。

連作

◉ 野菜によっては連作障害が発生する

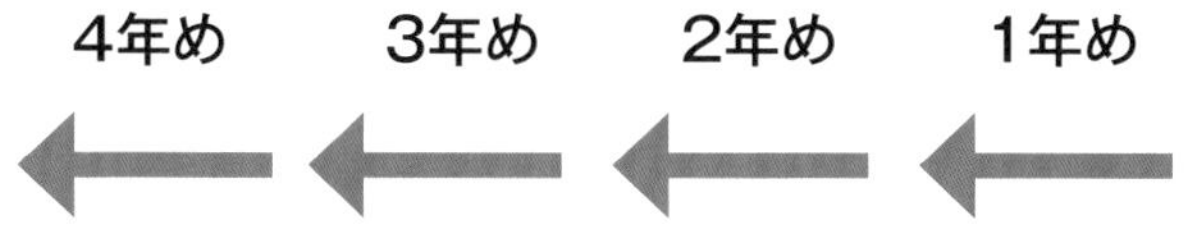

●毎年、同じ場所に同じ野菜や、同じ科の野菜を作付けることを連作という

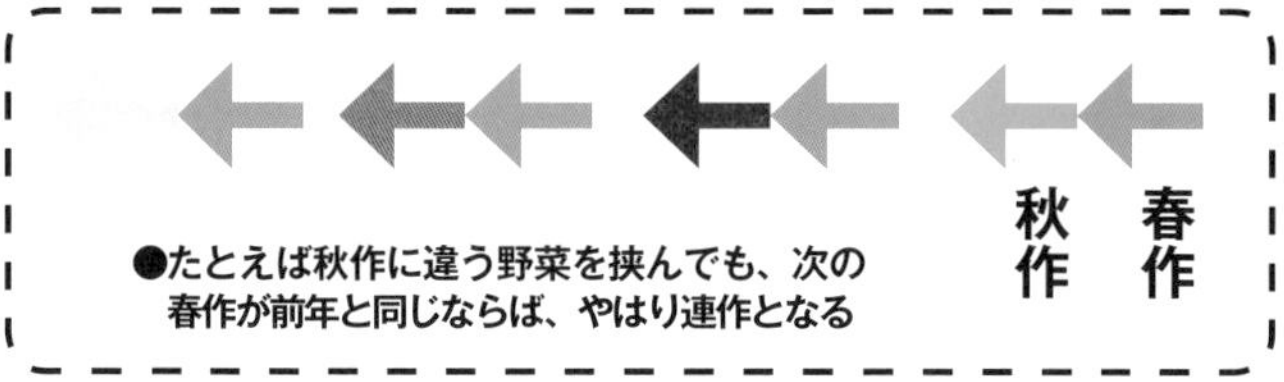

●たとえば秋作に違う野菜を挟んでも、次の春作が前年と同じならば、やはり連作となる

連作は家庭菜園の宿命!?

輪作

◉ 広い土地が必要になる

◉ 作付けプランが複雑

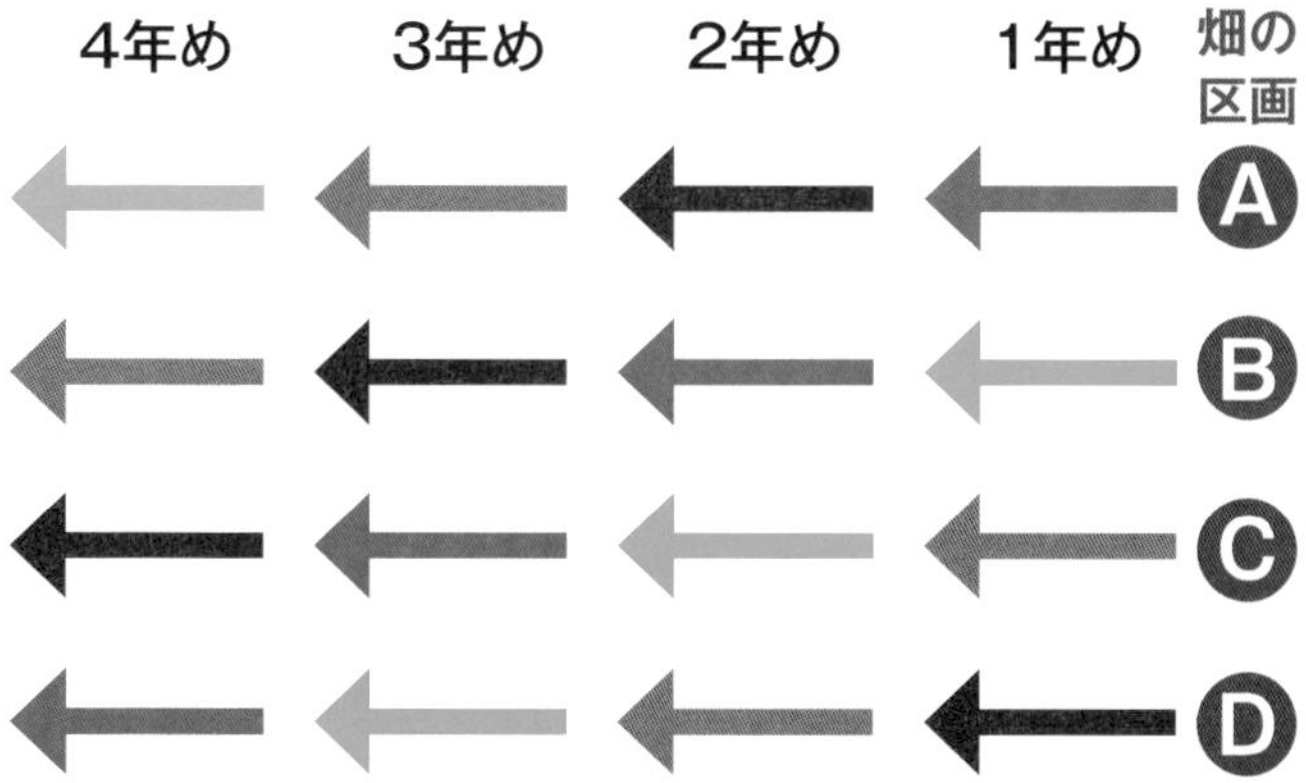

●連作を避けるために一定期間ごとに作目を入れ替えることを輪作という

「これって連作障害？」診断チャート

野菜がうまく育たない…その原因は、連作障害以外にも考えられます。野菜別の予防や対策を考える前に、このチャートで診断してみましょう。

生育がおかしい、元気がない

？ 前年に作った野菜を確認する

前年も同じ場所で同じ野菜、または同じ科の野菜を育てた

前年は別の科の野菜を育てた

？ 野菜の種類を確認する

野菜の名前が左ページ上のリストのA欄に載っている

主な野菜の科

ナス科	トマト、ナス、ピーマン、ジャガイモなど
マメ科	ソラマメ、エダマメ、エンドウ、インゲンなど
ウリ科	キュウリ、スイカ、カボチャなど
アブラナ科	キャベツ、ブロッコリー、ハクサイ、ダイコン、カブ、コマツナなど
ヒガンバナ科	ネギ、タマネギなど

A 連作に向く野菜

カボチャ、ダイコン、ニンジン、タマネギ、トウモロコシ、サツマイモなど

B 連作障害が出やすい野菜
(次に作るまであけたい年数)

4～5年	トマト、ナス、ピーマン、ジャガイモ、エダマメ、エンドウなど
3年	ソラマメ、サトイモ、インゲンなど
2年	キュウリ、キャベツ、ブロッコリー、ハクサイ、イチゴなど

上のリストのB欄に載っている

株の様子を観察する?

根に異常がある

野菜はアブラナ科かどうか?

葉や茎に病斑や枯れがある

連作障害の疑いがある

アブラナ科以外

ネコブセンチュウ(写真上)、ネグサレセンチュウなどによる線虫害が考えられる。

アブラナ科の野菜

アブラナ科に特有の土壌病害である根こぶ病(写真上)の可能性が大きい。

半身《はんしん》萎《い》ちょう病(写真下)、青枯《あおがれ》病、つる割病、萎黄《いおう》病など、地上部に病変が現れる土壌病害の疑いがある。

マメ科野菜で、上記のいずれにも当てはまらない場合は、生育阻害物質による障害の可能性がある。

おそらく連作障害ではない

肥料不足、空気伝染性の病気、気温による生育障害などを疑う。

連作障害の主な症状

「せっかく苗を植えたのに、生育が悪い」「水を与えても葉がしおれ、生長が止まってしまった」「追肥しても回復せず、そのまま枯れてしまった」「隣の株にも次々と似た症状が出て、収量が激減」……こんな経験をしたことはありませんか。

　栽培環境によって原因はいろいろ考えられますが、可能性が高いのは「連作障害」です。ここでは代表的な症状を写真とともに挙げてみました。

　もっとも典型的な連作障害は土壌病害によるものです。同じ場所で同じ種類の野菜を育てることで土の中で病原菌がふえて、感染します。根から病原菌が侵入して、養水分の吸収が悪くなると、その根とつながっている地上部の葉や茎がしおれたり、色が変わったり、枯れたりします。また、土壌病害は泥跳ねなどで、地表に近い下葉から感染が広がることもあります。

　いずれも葉や茎の異変が第一のチェックポイントです。おかしいと思ったら株を抜いてみて、根の状態を確認することも、診断には欠かせません。

連作障害の代表例

ナス科の半身萎ちょう病

病原はカビ（糸状《しじょう》菌）の一種。株の片側の葉が巻き上がり、ひどくなるとしおれて枯れる。やや気温の低い初夏と秋に発生しやすい。

ナス科、ウリ科などの青枯《あおがれ》病

病原は細菌の一種。葉が突然、緑色のまましおれ始め、やがて枯死する。ナスやトマト、ピーマンなどで7〜9月の高温期に発生しやすい。

ウリ科のつる割病

病原はカビ（糸状菌）の一種。キュウリやメロンなどで葉がしおれ、枯れて落ち、やがて株全体に及び枯死する。株元の親づるが縦に割れて白いカビが発生することも。

アブラナ科の萎《い》黄《おう》病

病原はカビ（糸状菌）の一種。キャベツやダイコンなどで、下葉から黄色くしおれ、枯れる。キャベツでは結球しなくなることもある。

アブラナ科の根こぶ病

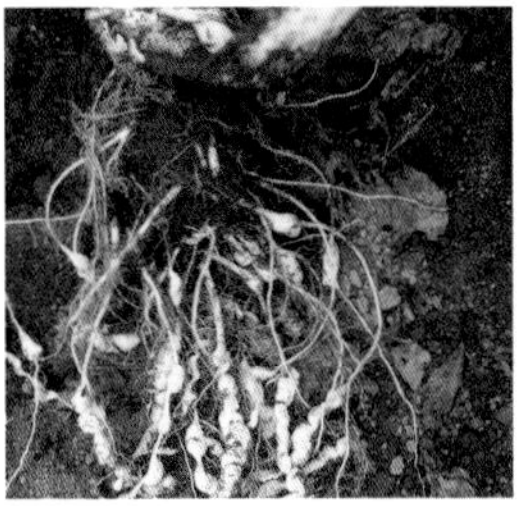

病原はカビ（糸状菌）の一種で、変形菌類に属する。アブラナ科野菜に特有の病気。根に大小のこぶができる。収穫後も長年、地中に休眠胞子が残る。

線虫害

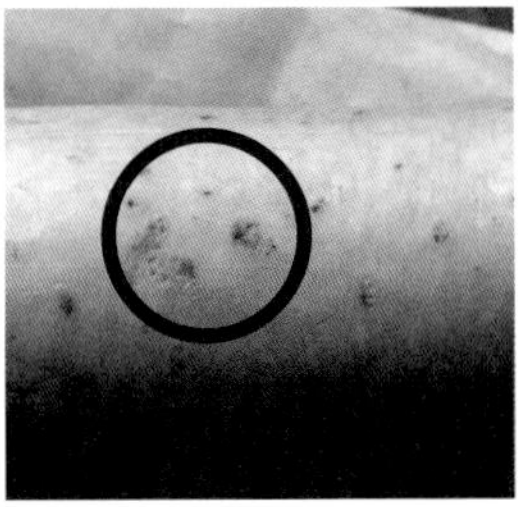

土壌動物の一種、線虫によって引き起こされる被害。線虫には多数の種類がいるが、ネコブセンチュウとネグサレセンチュウなどは、さまざまな種類の植物の根に寄生し、生育を阻害する。

ジャガイモのそうか病

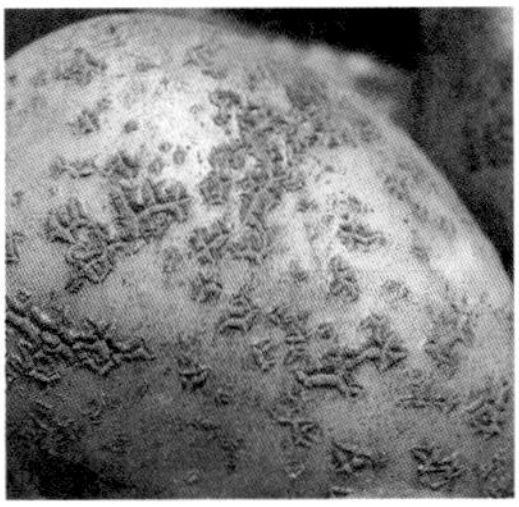

病原は細菌の一種。ジャガイモの表面に5～10㎜程度のかさぶた状の病斑ができる。高温、乾燥によって発生しやすい。

ネギの仲間の黒《くろ》腐《ぐされ》菌《きん》核《かく》病

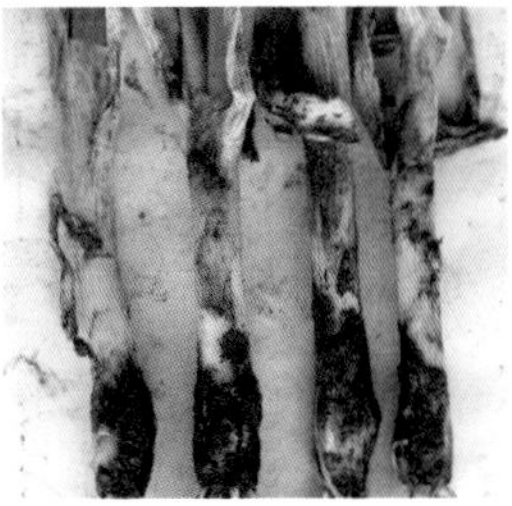

病原はカビ（糸状菌）の一種。長ネギやニンニクなどの下葉の先端が黄色く枯れ、地際には黒い菌核ができて枯死する。根は腐り、簡単に抜ける。

※各野菜の対処法は2章、巻末（p.156～）の「野菜別の連作対処一覧表」を参照してください。

連作障害・3つの主な原因

原因①
病原菌がふえていく

「連作障害」とひと言で言われますが、じつはこの言葉は、連作による野菜の生育不良の総称であり、多くの症状が含まれます。

連作障害の原因については、大きく3つに分けることができます。1つめは病原菌、2つめは悪玉線虫、3つめは野菜の根から分泌される生育阻害物質です。まずは、原因ごとに連作障害が起こる仕組みを見ていきましょう。

最初は、病原菌についてです。土の中には、さまざまな種類の微生物がすんでいます。微生物の中には、ごくわずかですが、野菜の中に侵入して、内部で繁殖して病気を引き起こす種類がいます。これが、病原菌です。病原菌にとって野菜は、「餌」であり、「すみか」でもあります。

病原菌は、種類ごとに好みの野菜（科）が異なっています。そのため、同じ種類や科の野菜を連続して育てると、地中ではその野菜を好む病原菌ばかりがふえていきます。そして、野菜が収穫されたあとも、地中の残《ざん》渣《さ》の中や、その周囲で生き残ります。翌年も同じ場所で、同じ種類や科の野菜を育てると、病原菌はさらにふえ、病原菌の密度が一定数を超えると、病気が引き起こされます。

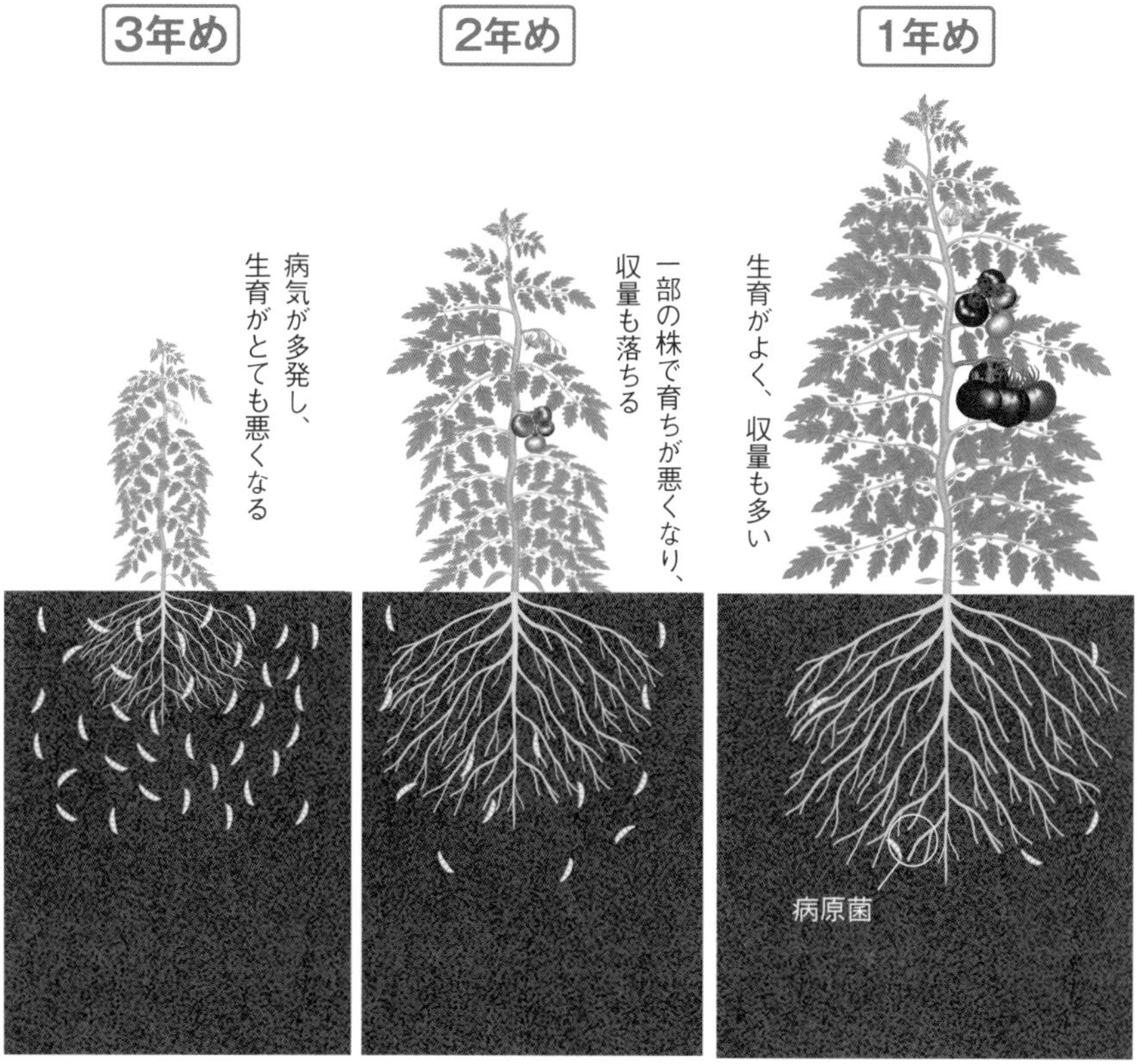

地中の病原菌が、ひじょうに多くなっている。病原菌の種類によっては、休眠胞子の形になって地中で10年以上も生き残るものもいる

地中では病原菌が増殖し、数がふえてくる。一部の株で病気が発生する

その野菜を好む病原菌が集まってくる。病原菌の一部は、野菜の内部に侵入して、増殖する。ただし、数が少ないので病気は発生しない。病原菌の多くは、地中の残渣の中などで生き残り続ける

原因②

悪玉線虫がふえていく

線虫は地中にいる糸状の生物で、目にはほとんど見えないぐらいの大きさです。種類は多く、そのほとんどは土の中の有機物や微生物などを食べていて、野菜に害を与えることはありません。

しかし、連作を行うことで、野菜の根に寄生し、生育を阻害するごく一部の「悪玉線虫」がふえることがあります。連作障害として問題になるのは、ネコブセンチュウ、ネグサレセンチュウ、シストセンチュウなどです。

とくにやっかいなのは、ナス科、ウリ科、マメ科、セリ科など、数多くの野菜に被害を与えるネコブセンチュウです。野菜の根に侵入してこぶを作り、内部で養分を吸収し始めます。すると、野菜は根から養水分を十分に吸い上げられず、生育が悪くなり、ひどい場合は枯れてしまいます。

１匹の雌が５００～１０００個の卵を産み、１～２か月で世代交代します。春から秋にかけて爆発的に増殖し、卵の状態で越冬し、春にふたたび活動を始めます。

ネグサレセンチュウは主にダイコンやニンジン、ゴボウなどの根菜類に被害が集中します。侵入した根の部分が傷んで表面が汚くなり、品質を落とします。ひどくなると株全体の生育も悪くなってしまいます。

シストセンチュウは主にジャガイモに被害を与えます。地上部が枯れるなどして、収量がめざましく低下します。

ネコブセンチュウの増殖

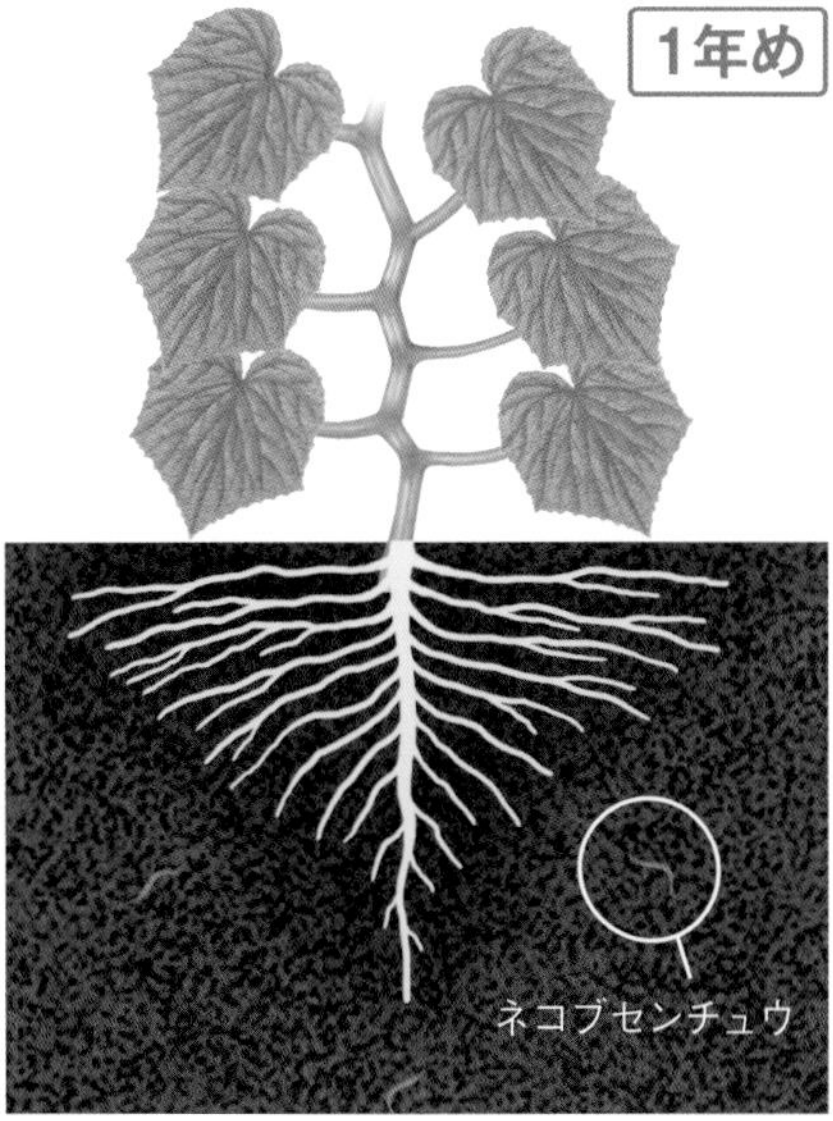

ネコブセンチュウが集まってくるが、数が少ないため被害は出ない

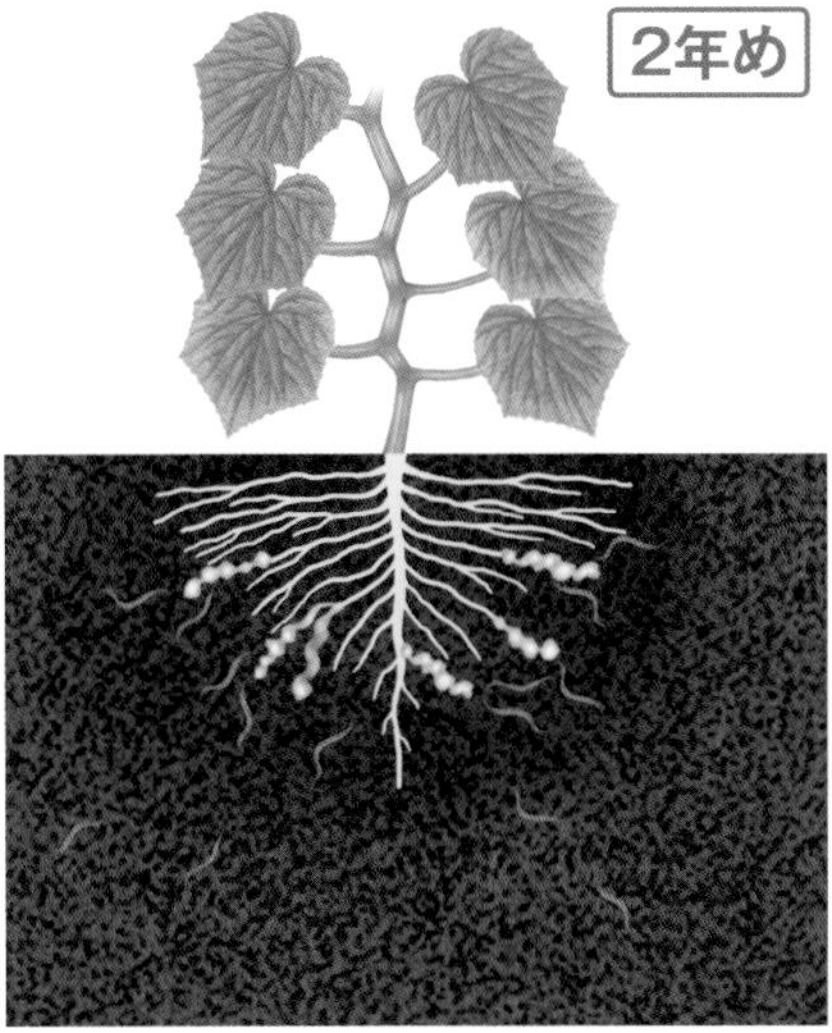

根にこぶができたり、地上部の生育が悪い株が出る。株を片づけたあとも卵の状態で越冬し、さらに数がふえる

3年め

養水分の吸収が阻害され、野菜の生育が悪くなり、枯死する株も出てくる

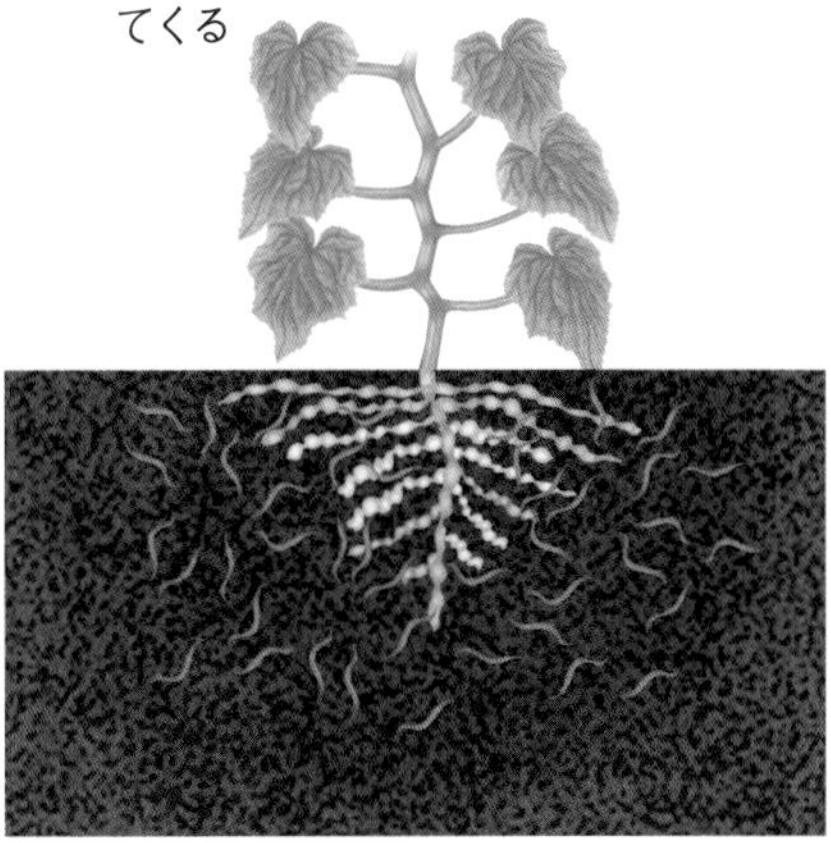

線虫の数はさらにふえ、根にはたくさんのこぶができる

原因③

生育阻害物質が蓄積していく

植物の根は、地中の水分や養分を吸収しているだけではありません。植物にとって不要になった老廃物を排出したり、根を守るための防御物質を出したりする働きもあります。

たとえばエンドウは、根から「生育阻害物質（アレロパシー）」を出しています。この物質には、雑草などのほかの植物が、周囲で発芽・生育するのを抑制する働きがあります。

ところがこの物質は、エンドウにとってはもろ刃の剣となります。地中に生育阻害物質が蓄積していくと、ほかの植物だけでなく、エンドウ自身の生育も抑制されてしまうからです。

そのためエンドウを連作すると、種をまいても発芽しなかったり、芽が出ても生育が悪く、病気で枯れてしまったりします。ほかに、アスパラガスなどの野菜や、セイタカアワダチソウなどの雑草でも同様の現象が知られています。

なお、こうしたタイプの連作障害を「真性いや地《じ》現象」と呼ぶこともあります。

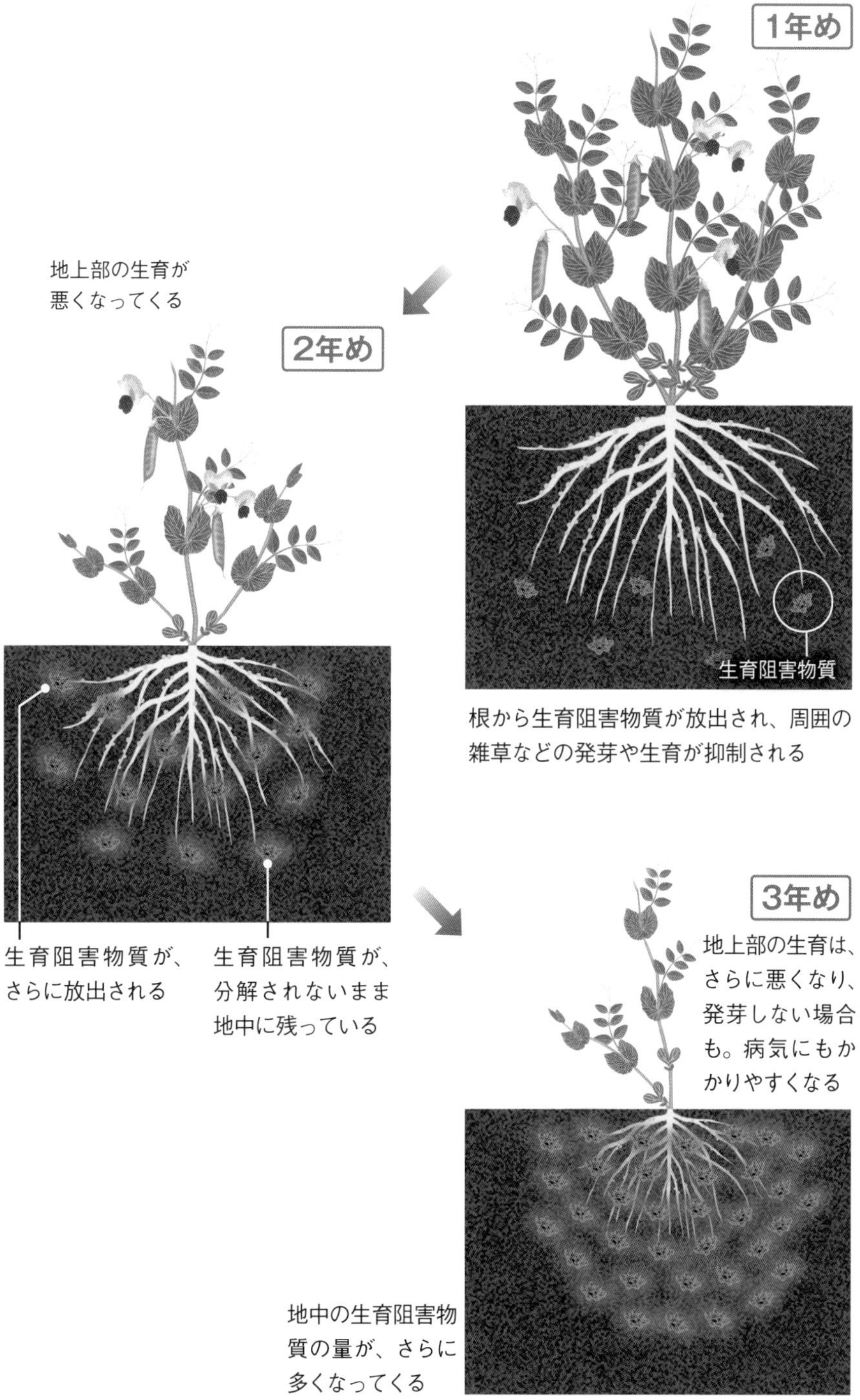
1年め
生育阻害物質
根から生育阻害物質が放出され、周囲の雑草などの発芽や生育が抑制される
2年め
地上部の生育が悪くなってくる
生育阻害物質が、さらに放出される
生育阻害物質が、分解されないまま地中に残っている
3年め
地上部の生育は、さらに悪くなり、発芽しない場合も。病気にもかかりやすくなる
地中の生育阻害物質の量が、さらに多くなってくる

トマトを作った畑

野菜を作った畑はどうなっている？

①地中の病原菌がふえている！

前年の秋にトマトの収穫を終えたあと、株をきれいに片づけたつもりでも、地中には細かな根が残されています。これらをすみかにして病原菌の密度が高まっているところに、苗をそのまま植えると、病気が発生する確率が高くなります。さらに、前年の栽培に使用した支柱や、枯れ葉などの残渣が残っている場合も注意が必要です。

灰色かび病菌が生き残っている

灰色かび病菌（カビの一種）は、残渣に付着した状態で越冬する。前年の栽培時に敷きわらを使った場合、そこに潜んでいることも。気温20℃程度で、湿度が高い状態が続くと、病気が発生しやすい。

灰色かび病を引き起こす

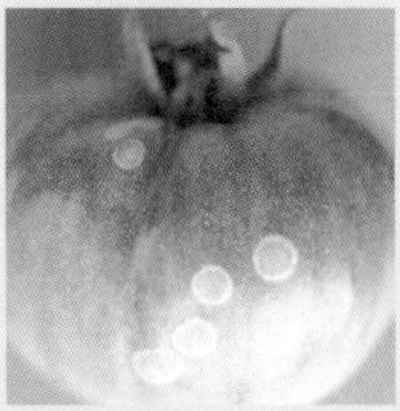

葉には褐色の大型で円い病斑ができ、茎や葉柄には暗褐色の病斑が生じる。果実での被害がもっとも大きく、小さな病斑がしだいに拡大し、果実全体を腐敗させる。大きく育った果実には、1～2㎜の小斑点が多数できることも。

萎ちょう病菌が生き残っている

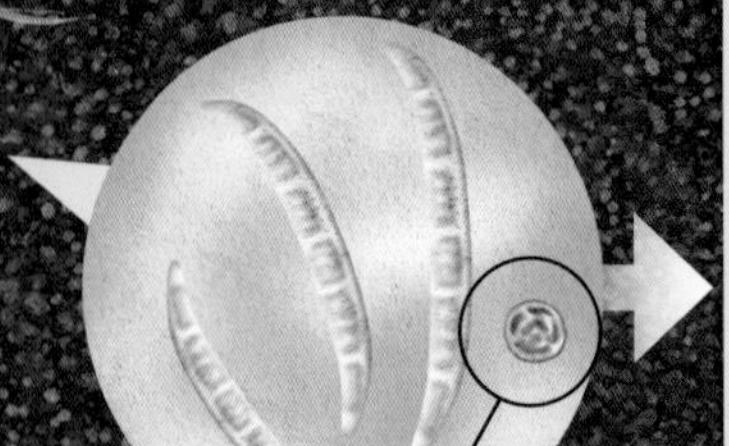

萎ちょう病菌（カビの一種。フザリウム）は、根や茎葉の残渣とともに土壌中にとどまり、菌糸の一部が厚い膜になった厚膜胞子の状態で、数年～十数年も生き残る。

萎ちょう病を引き起こす

病原菌は根から侵入する。高温時に発生しやすい。最初は株の片側の下葉だけがしおれ、やがて症状が上葉や反対側の葉にも広がり、枯死する。発生すると生育が極端に悪くなり、実はほとんどつかない。

支柱にかいよう病菌が付着している

乾燥に強いかいよう病菌（細菌）は、前年使った支柱などの資材に付着した状態で生き残っている。

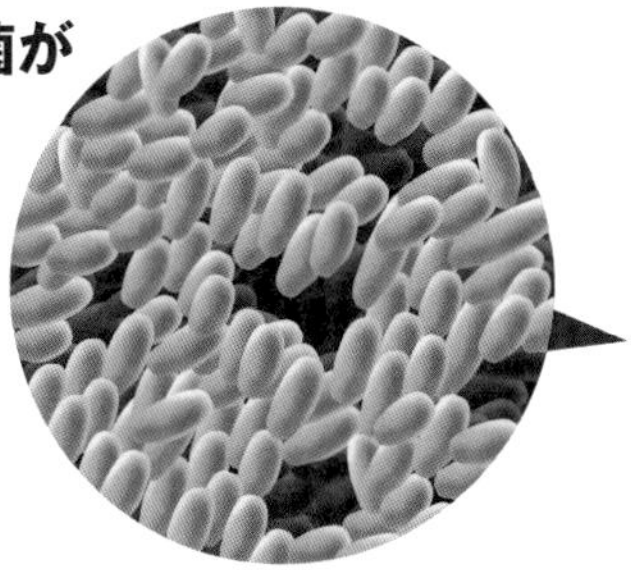

かいよう病を引き起こす

発生すると、下葉が垂れ下がって緑の部分からしおれ、やがて枯れてしまう。ひどくなると、茎や葉柄の表面がかいよう状になる。葉、茎、果実の表面に小斑点ができることもある。

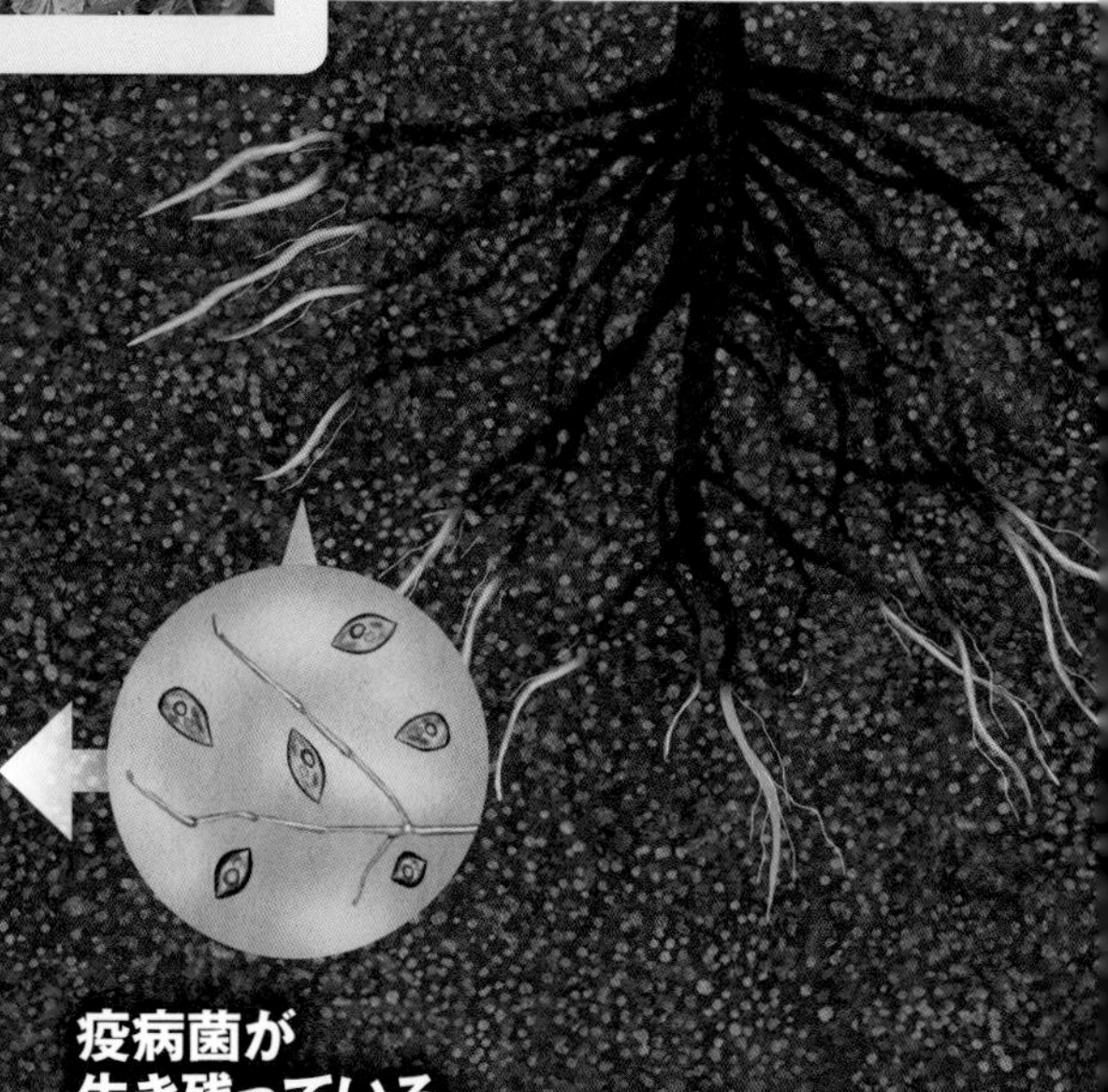

疫病菌が生き残っている

疫病菌（カビの一種）は、残渣などとともに地中に潜んでいる。同じナス科野菜であるジャガイモやピーマンなどを育てた畑でも、疫病菌の密度が高まっているので注意。

疫病を引き起こす

病原菌は、遊走子《ゆうそうし》（鞭毛を持ち、動き回ることのできる胞子）の状態になって、土の水分の中を泳いで移動する。そのため、梅雨時に発生しやすい。最初は葉に灰緑色の病斑が生じる。茎や葉柄には褐色の病斑ができ、多湿時には白色のカビが生える。未熟果も侵されやすく、褐色の病斑ができて腐敗する。

ナスを作った畑

野菜を作った畑はどうなっている?

②未分解の根が残り、病原菌のすみかに!

ナスの栽培には肥料を多く必要とするため、前年にナスを育てた場所は、多肥（硝酸成分の濃度が高い）状態になりがち。その結果、硝酸成分をうまく利用できる青枯《あおがれ》病菌が多くなっています。また、ナスは晩秋まで収穫が可能なため、前年の栽培終了から翌年の苗の植えつけまでの期間が短く、地中の根の分解が進まず、病原菌のすみかになっています。

ナスは、根を地中深くまで伸ばす。地中深くには酸素が届きにくく、有機物の分解も遅いため、とくに根が残りやすい

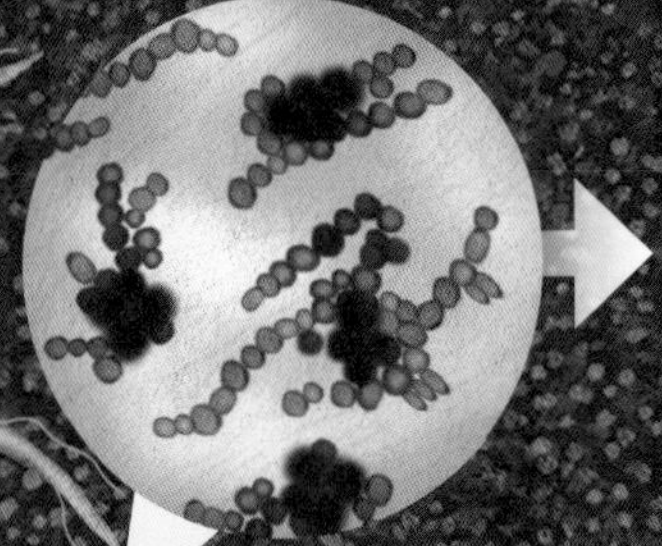

半身萎ちょう病菌が生き残っている

半身萎ちょう病菌はカビの仲間で、株の残渣とともに土壌中に残り、数年～十数年も生き残る。ナスの根が伸びてくると、根から侵入する。

半身萎《はんしんい》ちょう病を引き起こす

株の片側の葉が黄色くなり、しおれがめだち始め、やがて枯れ落ちる。ひどくなると株全体の葉がしおれて枯死する。同じナス科のトマト、ピーマンにも感染する。

青枯病菌が生き残っている

青枯病菌（細菌）は、病気が発生した株の残渣や土の中で、数年にわたり生きている。ナスだけでなく、トマトやピーマン、ジャガイモなどのほかのナス科野菜にも被害を与える。

青枯病を引き起こす

梅雨から真夏にかけて発生。最初は、晴天時に茎の先端の葉がしおれ、夜や曇天には回復する。病気の進行が早く、数日たつと全体がしおれ、枯れてしまう。

前年の栽培終了から翌年の苗の植えつけまでの期間が短いため、地中には未分解の根が残りやすい

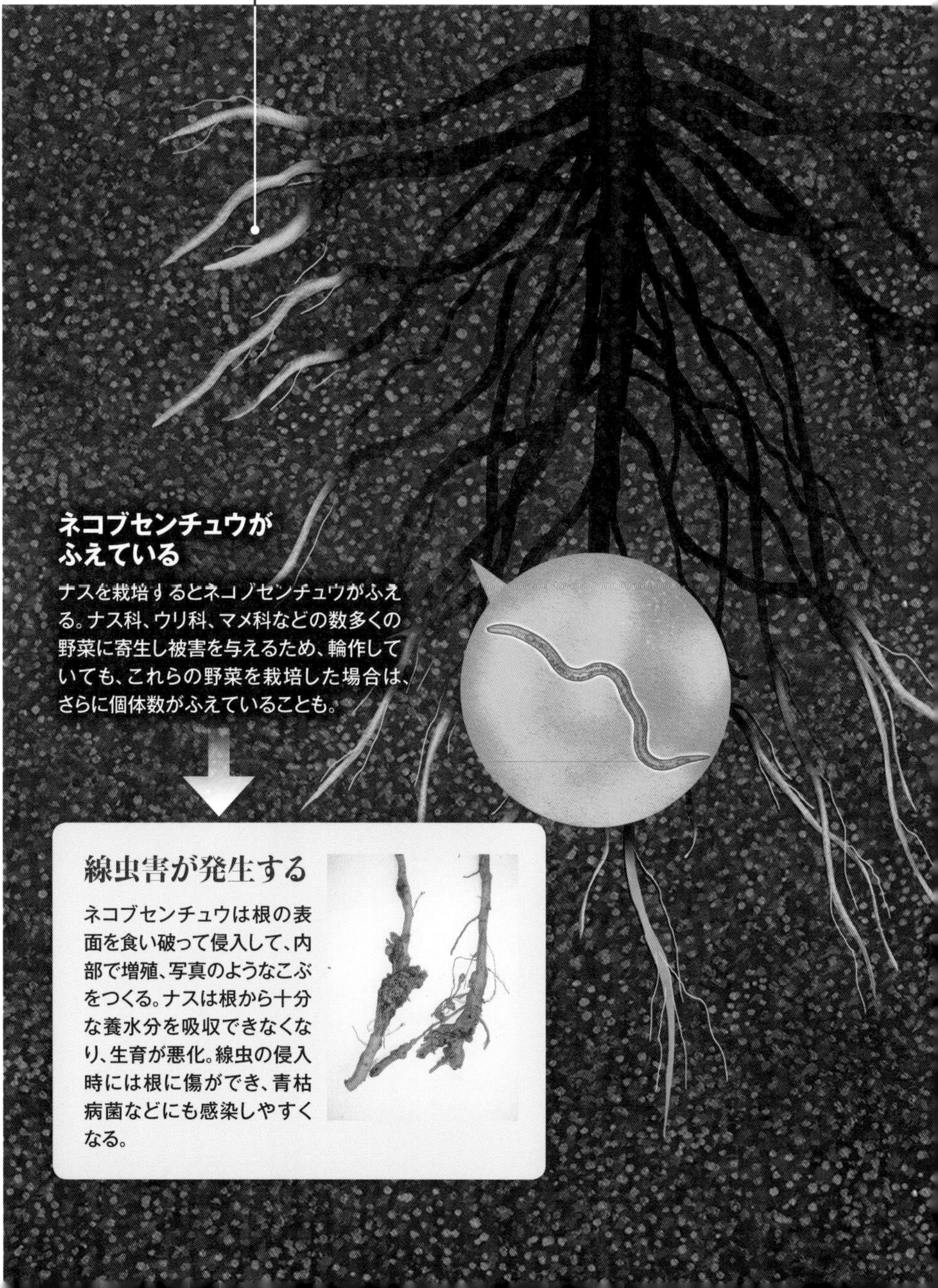

ネコブセンチュウがふえている

ナスを栽培するとネコブセンチュウがふえる。ナス科、ウリ科、マメ科などの数多くの野菜に寄生し被害を与えるため、輪作していても、これらの野菜を栽培した場合は、さらに個体数がふえていることも。

線虫害が発生する

ネコブセンチュウは根の表面を食い破って侵入して、内部で増殖、写真のようなこぶをつくる。ナスは根から十分な養水分を吸収できなくなり、生育が悪化。線虫の侵入時には根に傷ができ、青枯病菌などにも感染しやすくなる。

野菜を作った畑はどうなっている?

3 幅広く伸びた根が地中に残っている!

キュウリの根は、地中の浅い部分に、広い範囲にわたって伸びています。前年に株を片づけたさい、根を完全に除去するのは困難で、細かい根は地中に残ってしまいます。地中の根に潜んだつる割病菌などの病原菌は、10年以上生き残る場合もあります。また、キュウリをはじめとしたウリ科野菜はネコブセンチュウに好まれるため、線虫の密度も高くなっています。

つる枯病菌が残っている

つる枯病菌(カビの一種)は、残渣とともに土の中で生き残る。多湿条件で活動が活発になる。同じウリ科のスイカやメロンなどを育てた畑でも注意が必要。

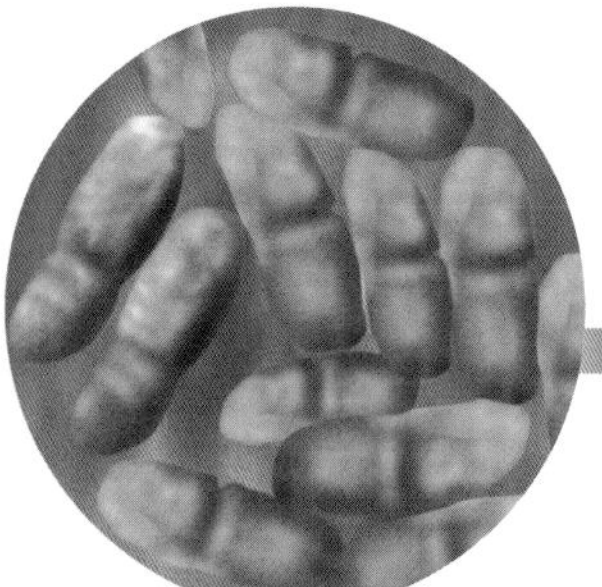

つる枯《がれ》病を引き起こす

おもに株元の茎に発生。病気にかかった部分は淡褐色でやわらかくなり、乾くと灰白色になる。葉にも淡褐色の大きな斑紋ができ、果実は先端から腐敗して細くなり、芯腐れになる。

つる割《われ》病を引き起こす

日中は株の片側の下葉だけがしおれるが、夜になると回復するという状態を繰り返す。しだいにしおれる部分が上葉や反対側にも広がり、やがて枯死。茎のつけ根が縦にひび割れ、茶色くなるのが特徴。

つる割病菌が潜んでいる

つる割病菌(カビの一種。フザリウム)は、厚い膜に覆われた胞子が、残渣や土の中で数年~十数年も生き残る。キュウリの根が伸びてくると胞子が発芽し、根から侵入。維管束内部で増殖し、病気を引き起こす。

疫病菌が残っている

疫病菌(カビの一種)は、土の中の残渣で生き残る。土中の水の中を泳いで移動し、降雨時の泥跳ねなどによって土といっしょに葉や茎に付着し、そこから侵入する。

疫病を引き起こす

葉に大きな暗緑色の病斑ができ、水でふやけたようになる。葉のつけ根や茎に広がると上部は縮れて、やがて枯れる。果実はぶよぶよになり、白いカビが生えることもある。

線虫害を発生させる

ネコブセンチュウに寄生されると、侵入箇所がこぶになり、養水分の吸収が阻害される。キュウリは、トマトやナスよりも根のダメージが生育不良につながりやすいため、被害がより深刻化する。

ネコブセンチュウがふえている

ネコブセンチュウは、キュウリなどウリ科野菜を好む。雌は1匹で500～1000個の卵を産み、卵の状態で地中で越冬。卵からかえった幼虫は、30～60日で新たに卵を産むようになる。

連作障害発生の3条件

3条件がそろうから発症する

連作障害は、病害虫（病原菌や悪玉線虫）が原因。それなら病害虫を減らせばよいと考えていませんか？

身近な例で、私たちがしばしばかかる風邪で考えてみましょう。風邪の主な原因はウイルスです。ウイルスがいなければ、風邪にはなりません（主因）。しかし、同じウイルスがあっても、風邪にかかる人、かからない人がいます。人によって、抵抗力が違うからです。それには持って生まれた抵抗力もあれば、その時々の体調もあるでしょう（素因）。

ところが、いくら抵抗力がある人でも、風邪にかかった人と乾燥した狭い空間などで長時間いっしょに過ごしたりすると、大量のウイルスにさらされるため、やはり風邪にかかりやすくなってしまうでしょう（誘因）。

野菜の連作障害でも同じことがいえます。連作障害は「原因となる病害虫」「抵抗性の低い野菜」「病害虫が繁殖しやすい環境」の3条件がそろったとき、はじめて起こります。そのため、3条件のうち、どれか1つでも欠けると、連作しても連作障害は起こりません。3つのうち2つまでならだいじょうぶというわけです。

原因となる病害虫は畑に持ち込まないこと。病害虫が侵入しても簡単にはふえなくすること。そして、病害虫に侵されても、それに負けない強い野菜を作ること。この3つの条件から考えると、連作障害の予防や対処法が見えてきます。

1つでも条件がそろわなければ連作障害は発生しない

たとえば、畑に原因となる病害虫がいても、野菜の抵抗性が強かったり、病害虫が繁殖しにくい環境だったりして3つの条件がそろわなければ、連作障害は発生しない。

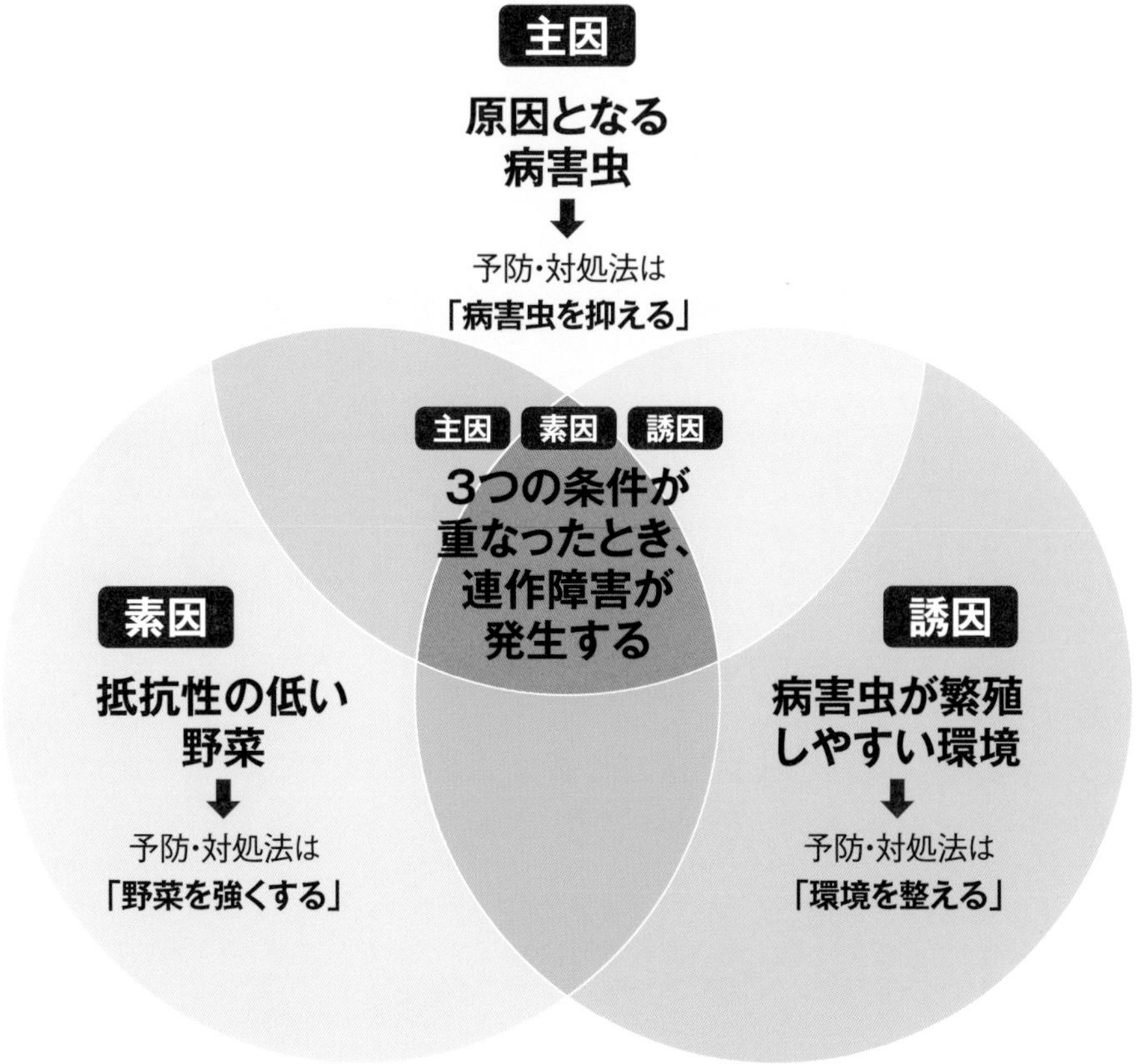

この野菜に効く!

あらゆる野菜

連作をするための4つの基本対策

1 畑の土の立体構造をつくる

連作を行うとき、もっとも大切なのは、野菜が健全に育つ土づくりです。土づくりというと、堆肥や元肥を施して耕すことを連想しがちですが、その前提となる畑全体の土の立体構造を根本から見直しましょう。

畑は水平のように見えても、微妙に傾斜している場合もあり、水がたまりやすい箇所や、逆に乾きやすい箇所などがあります。また、新しく造成した畑には、さまざまな層の土が混在しており、場所によって土の性質や水はけが大きく異なる場合もあります。

こうした土の立体構造の偏りをなくし、畑全体を水はけ、水もちのよい状態にするのが、左ページで紹介する「土の三層立体構造」です。耕すときに3種類の道具を使い分けることで簡単に行えます。野菜は根の張りがよくなり、健全に育って、連作障害が発生しにくくなり、収量もアップします。

この方法で土づくりをしても水はけが改善されない場合は、排水用の溝をつくる方法（32ページ）もあります。

土の三層立体構造をつくる

栽培に必要とする作土層は通常、深さ18～20㎝まで。
その範囲の土がきれいな三層立体構造を保っていると、どんな野菜でもよく育つ。

❶ゴロゴロ層をつくる

下層は粗く耕す。鍬やスコップを使って、深さ20㎝程度まで耕す。土の塊はそのまま残してよい。

❷コロコロ層をつくる

次に中間層はやや細かく耕す。下にゴロゴロ層を5～8cm残して、四本鍬や三本鍬などを使って、深さ12～15cmまで耕す。

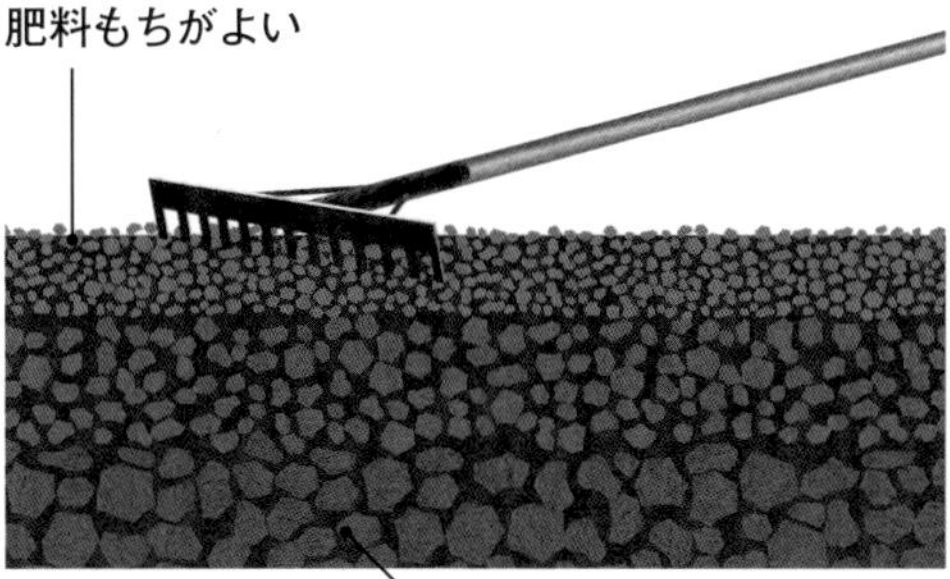

❸なめらか層をつくる

表層は細かく耕す。レーキなどを使って、下にコロコロ層を残しつつ、表層3～5㎝をなめらかに耕す。

連作をするための4つの基本対策
② 水はけを改善する

土が粘土質だったり、畑が傾斜していたり、くぼんでいたりすると、あちこちに水たまりができて、水が引かないことがあります。こうした水はけの悪い場所では、十分に空気を吸えないため野菜の根が傷みやすい上に、たまった水の中を病原菌や悪玉線虫が移動するため、連作障害が発生しやすくなります。

水はけが悪い場合は、鍬やスコップなどを使って畑に排水用の溝（明渠《めいきょ》）を設けます。傾斜をつけておけば、雨が多く降っても、余分な水が溝に沿って流れ、畑の外へと排出されます。

水はけが改善すれば、病害虫の発生も抑えられます。

さらに改善が必要な場合は

必要なら、地中に埋めた排水用の水路（暗渠《あんきょ》）の設置を検討しても。浅層暗渠なら深さ30㎝程度。鍬などで耕したときに根を傷つけることのない深さにする。暗渠排水管を使用するのがよいが、竹、茅、籾殻など、分解しづらい資材でトンネル状の溝をつくってもよい。

水はけを改善する 排水用の溝(明渠)のつくり方

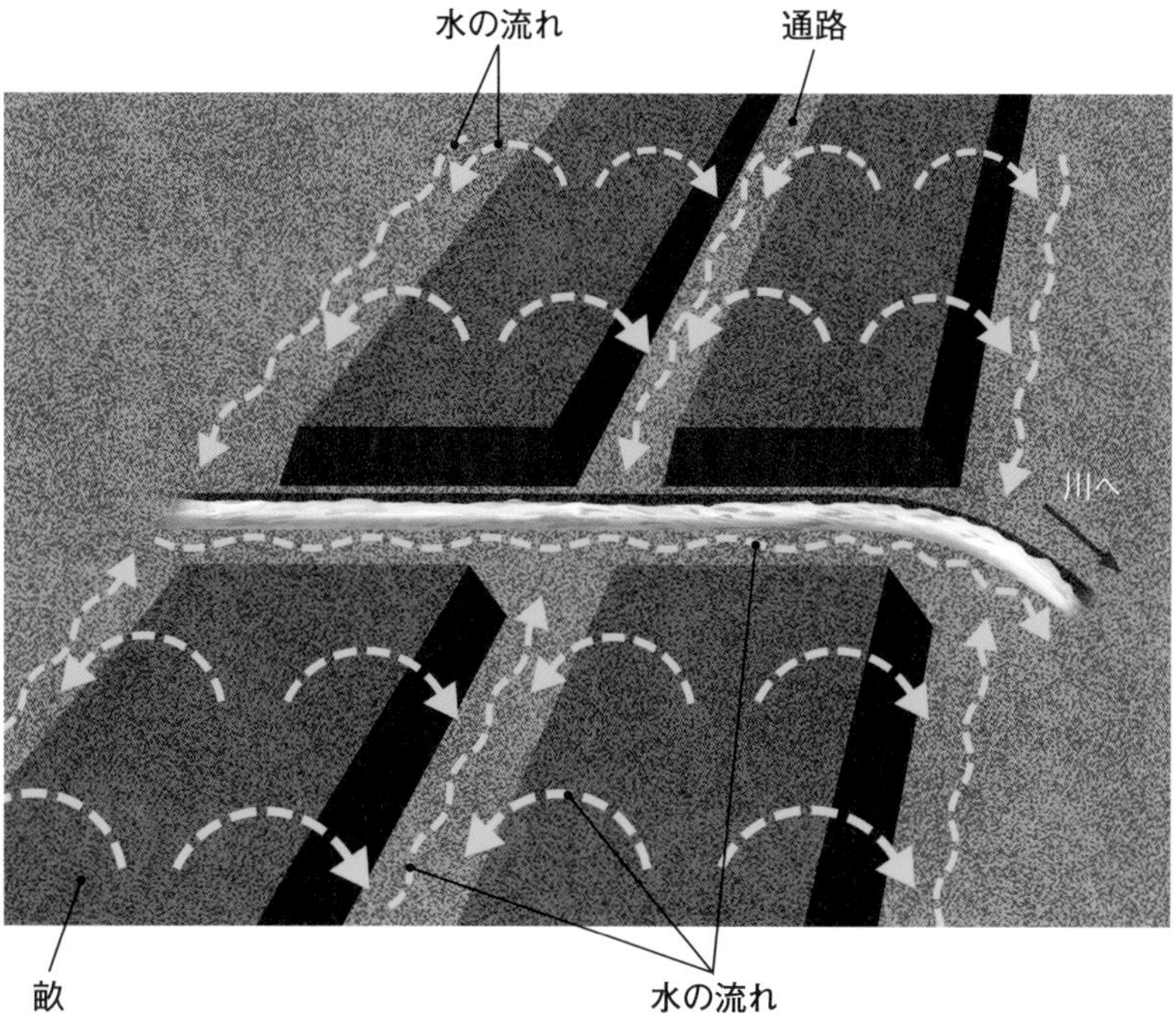

鍬などを使って溝をつくり、水がたまらないように畝のまわりの通路に誘導して、畑の外へと排水する。土の性質によっては、畝の高さを調整することも大切。

あらゆる野菜

連作をするための4つの基本対策
③ 堆肥をまき、2回耕す

連作をする場合には、かならずやっておきたい基本の対策です。苗の植えつけ1か月前を目安に始めてみてください。

連作障害を引き起こす病原菌は、多くの場合、地中に埋まった野菜の残渣に潜んでいます。前年の収穫後、地上部を片づけ、根をていねいに抜き取ったつもりでも、小さな葉の破片や、ちぎれてしまった細い根は、地中に残ります。この残渣をきれいに分解し、病原菌のすみかをなくすことが、連作障害を防ぐ第一歩です。

最初に、畑に繊維質（セルロース）が豊富な牛ふんなどの堆肥をまいて鋤《す》き込みます。牛ふん堆肥にはさまざまな微生物が生息しており、畑の残渣を分解する手助けをしてくれます。

そして2週間後にふたたび土を軽く耕し、地中に酸素を供給します。微生物は、酸素があると活動が活発になり、残渣の分解も早まります。

病原菌が少なくなり、あとには多種多様な微生物が残り、野菜が育ちやすくなります。

どうする？

1回め

植えつけ1か月前

牛ふん堆肥を鋤き込む

完熟した牛ふん堆肥を1㎡当たり2～3㎏まいて、鋤き込む。深さ10㎝程度まで、軽く耕せばよい。

地中に酸素が供給される

土を耕すことで地中に空気が入り、微生物が活性化。残渣など地中の有機物の分解が加速する。

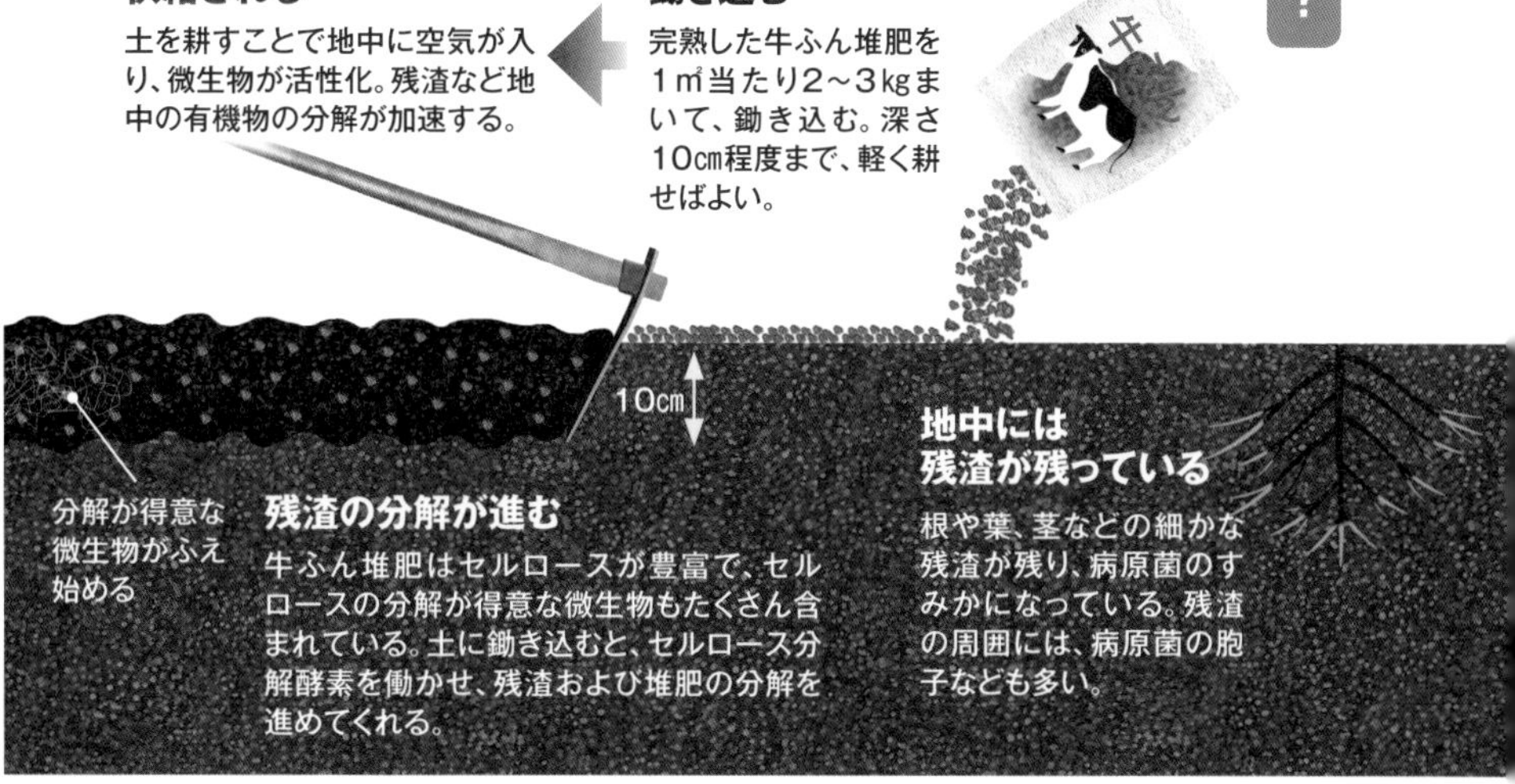

地中には残渣が残っている

根や葉、茎などの細かな残渣が残り、病原菌のすみかになっている。残渣の周囲には、病原菌の胞子なども多い。

残渣の分解が進む

牛ふん堆肥はセルロースが豊富で、セルロースの分解が得意な微生物もたくさん含まれている。土に鋤き込むと、セルロース分解酵素を働かせ、残渣および堆肥の分解を進めてくれる。

分解が得意な微生物がふえ始める

こうなる！

2回め

植えつけの2週間前

軽く耕して酸素を供給

2週間ほどたったら、もう一度土を耕す。地中に酸素を送り込み、分解をさらに加速させる。

病原菌がふえにくくなる

堆肥を入れたことで、土中の微生物の種類が多様になる。その結果、微生物同士に拮抗関係が生じ、特定の病原菌だけが増殖するのを防ぐことができる。

植えつけ

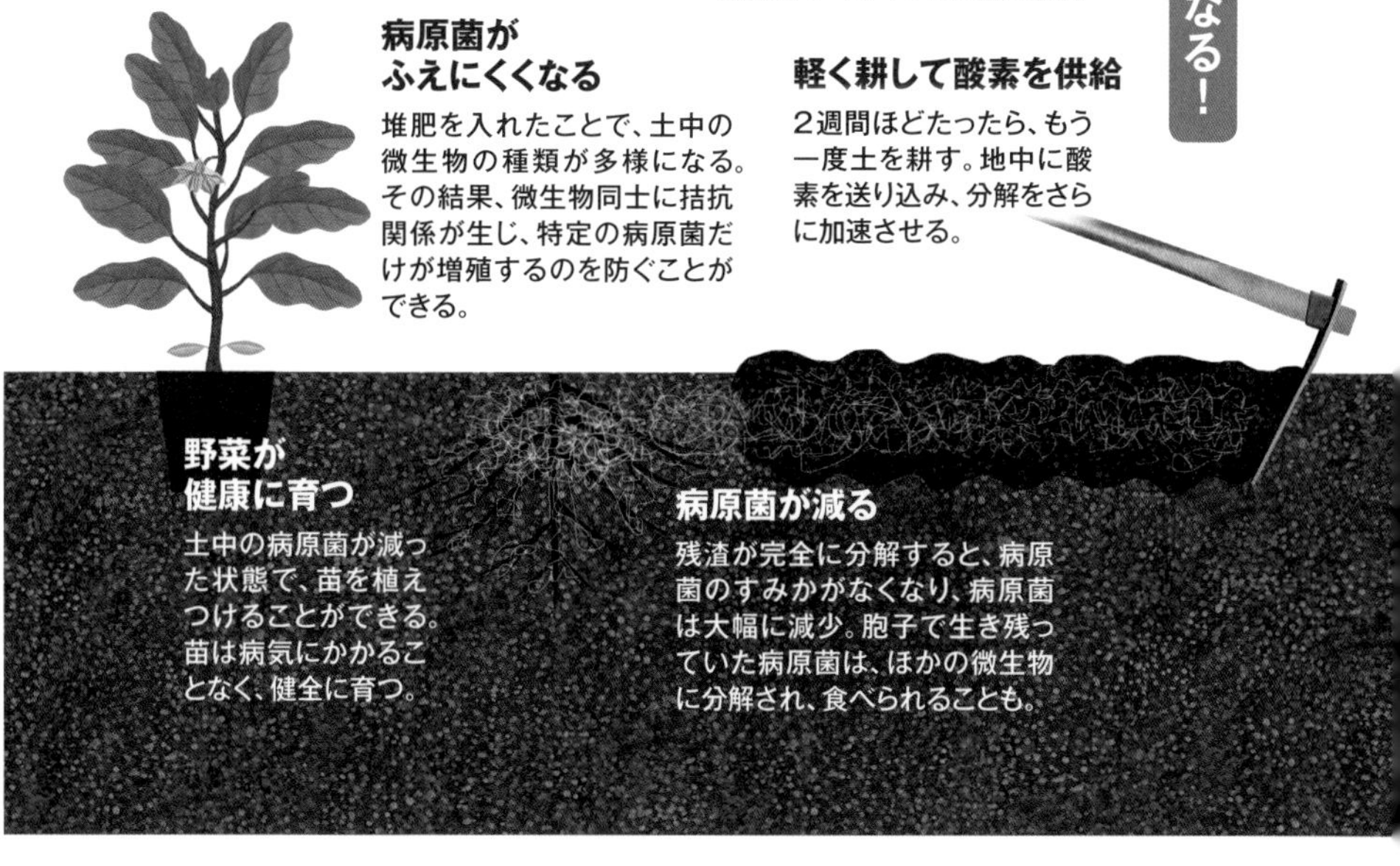

病原菌が減る

残渣が完全に分解すると、病原菌のすみかがなくなり、病原菌は大幅に減少。胞子で生き残っていた病原菌は、ほかの微生物に分解され、食べられることも。

野菜が健康に育つ

土中の病原菌が減った状態で、苗を植えつけることができる。苗は病気にかかることなく、健全に育つ。

連作をするための4つの基本対策 ④ 病気に強い品種を選ぶ

抵抗性・耐病性品種に注目

現在、ほとんどの野菜で品種改良が繰り返されており、毎年のようにさまざまな品種が誕生しています。そのなかには、特定の病気にかかりにくい「抵抗性品種」や、病気にかかっても症状が重くならない「耐病性品種」が数多くあります。

トマト、ピーマン、キュウリ、メロン、キャベツ、ブロッコリー、ハクサイ、チンゲンサイ、カブ、ダイコン、ホウレンソウ、エンドウなど連作障害が出やすい主要な野菜のほとんどに、抵抗性品種や耐病性品種があります。まずは連作によって発生している病気の種類を把握し、それにたいする抵抗性・耐病性品種を、種苗会社のカタログなどで探すとよいでしょう。トマト、ナス、キュウリ、スイカなどの果菜類では、抵抗性品種を台木に使った接ぎ木苗を購入する方法が便利です。

種袋にも注目

種袋に「CR」の表示があると根こぶ病抵抗性品種、「YR」は萎黄病抵抗性品種、「PMR」はうどんこ病抵抗性品種、「VR」はウイルス病抵抗性品種を表す。

抵抗性接ぎ木

穂木は病気に強い、弱いとは関係なく、育てたい品種を使うことができる。

抵抗性品種・耐病性品種

感染しても発病しない。感染しても、症状が軽くてすむ。

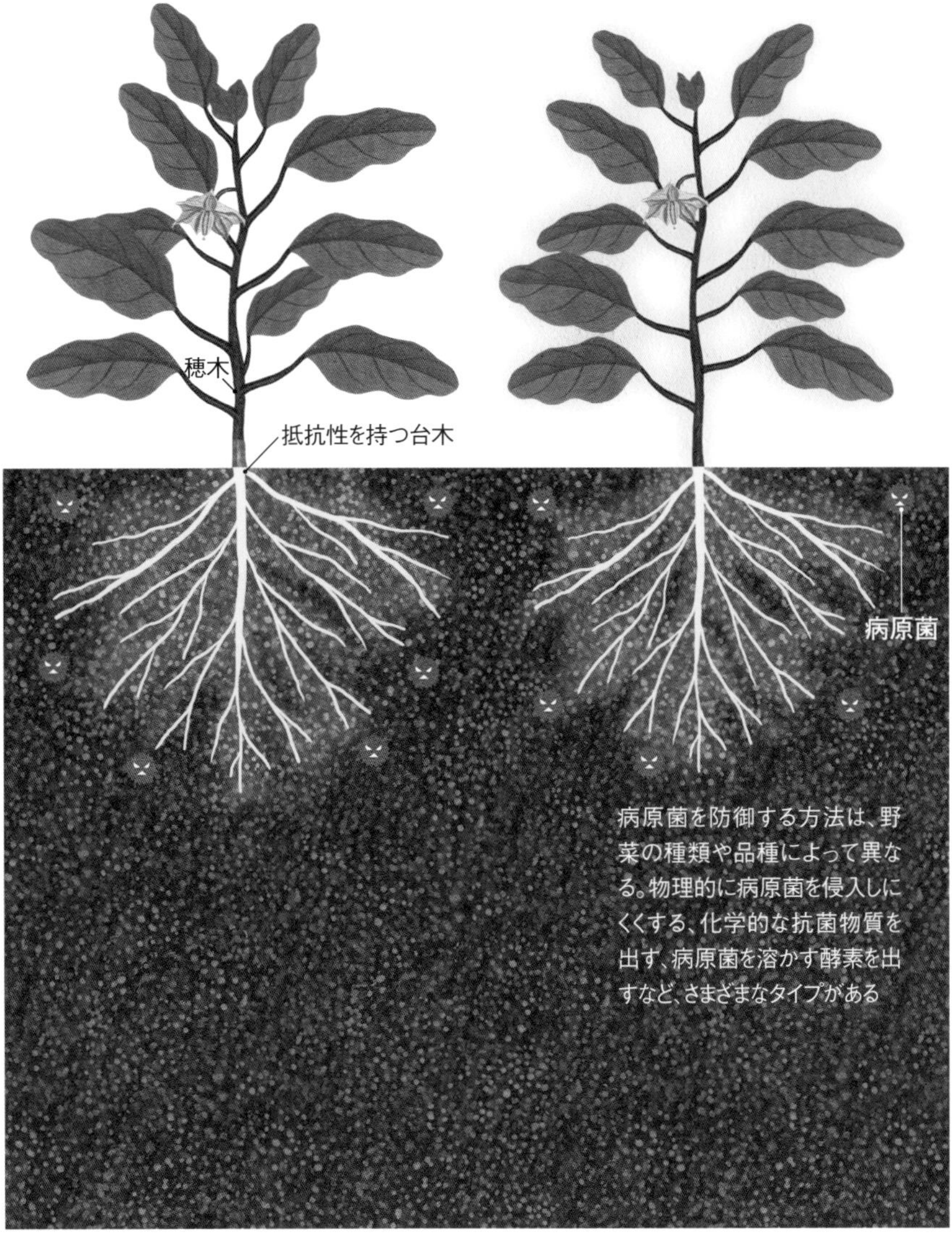

病原菌を防御する方法は、野菜の種類や品種によって異なる。物理的に病原菌を侵入しにくくする、化学的な抗菌物質を出す、病原菌を溶かす酵素を出すなど、さまざまなタイプがある

コラム

連作障害は連作によって克服される

連作のプラス面について考えてみましょう。

じつは野菜によっては、容易に連作できるだけでなく、連作することで品質がよくなる種類もあります。その典型がダイコン、ニンジンです。どちらも線虫害に遭いやすい野菜ですが、線虫をふやさない工夫（48ページ参照）をしたうえで連作を行うと、だんだん生育がよくなり、やがて肌がきれいで、味のよいものがとれるようになります。

どうして、このようなことが起こるのでしょうか。

ダイコンやニンジンの場合、根から出る老廃物や収穫後の残渣など、病原菌の温床になりがちな残留物が少なく、また、それらを分解する善玉の微生物もふえやすいと考えられています。そして、連作をすればするほど、善玉の微生物がふえて分解が早くなり、残渣などの余分な有機物は残らず、養分として有効利用できる環境になっていきます。つまり連作によって、畑自体が、その野菜の栽培に適した環境に変わっていくわけです。

ダイコン、ニンジンに限らず、たい

キャベツの菌核病の例

当初激しかった病気の発生が減少し、
収量が増加することを「発病衰退現象」という。

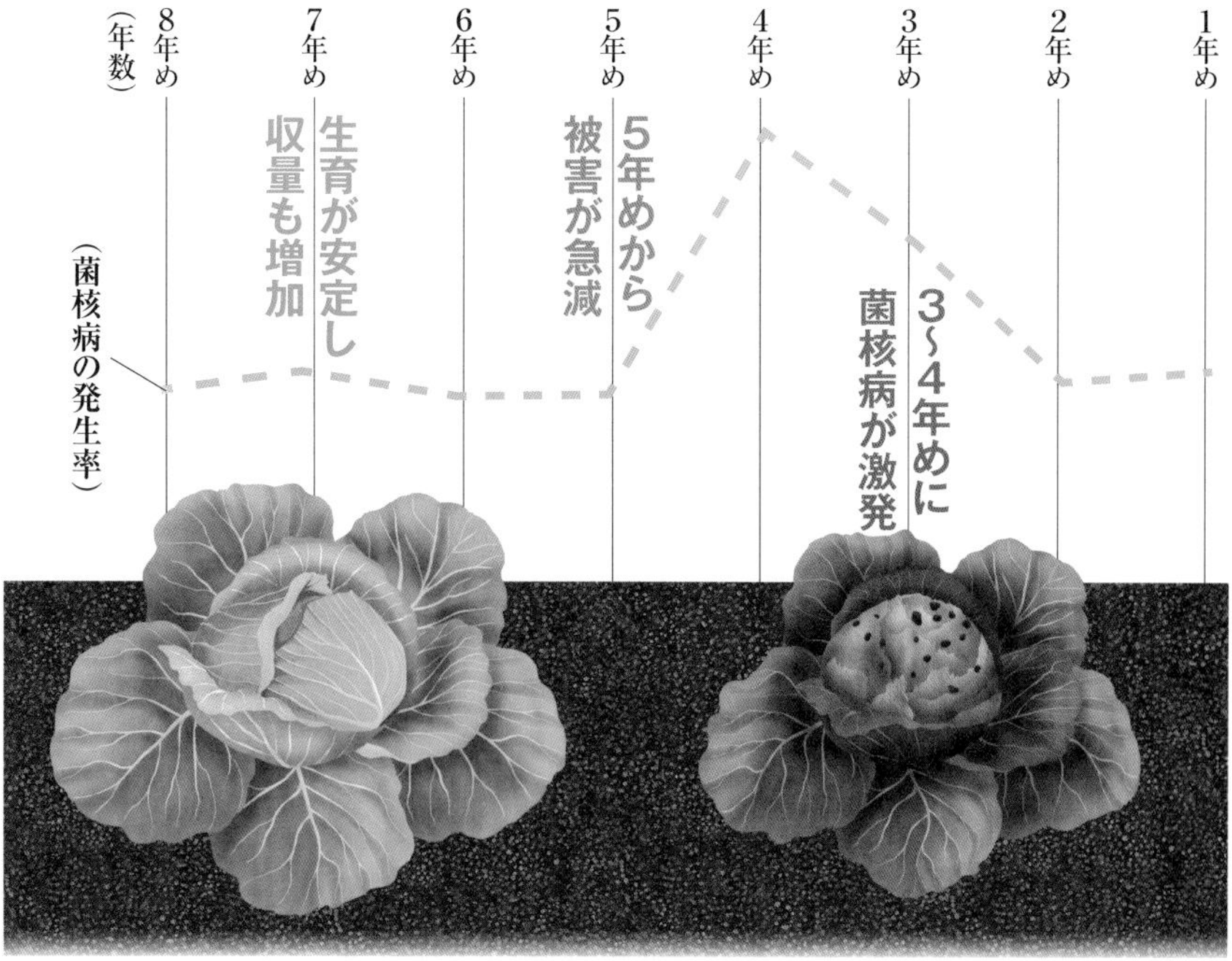

ていの野菜は、連作を続けると3年程度で病気が出たり、生育が悪くなったりといった連作障害が発生しますが、さらに連作を続けると、4～5年めには落ち着いてきて、やがてほとんど連作障害が起こらなくなります（上図はキャベツの菌核病の例）。この場合も、土の中ではダイコン、ニンジンを連作したときと同じようなことが起きていると考えられます。

連作することによって野菜の質がよくなるのであれば、連作を怖がる必要はありません。連作障害の発生を極力さけながら、連作に強い畑がつくれると理想的です。連作障害は、原因さえわかれば、発生を防いだり、症状を軽くしたりすることができます。2章以降で紹介する予防や対処のワザ、実践例は、そのための方策です。

家庭菜園では難しい「完璧な輪作」

連作にたいし、同じ場所で、異なる種類や科の野菜を順番に作っていくことを「輪作」といいます。たとえば、前年にトマトを育てた場所で、翌年はキュウリを育てるというように、種類や科を替えていく栽培法のことで、連作障害の予防に有効です。

ただし、畑が狭いと、スペースのやりくりにたいへん苦労します。また、野菜によっては4～5年ほど間隔をあけたほうがよいものもあり、中長期的な作付け計画を立てる必要もあります。家庭菜園で「完璧な輪作」をするのは、じつはひじょうに困難です。

連作できる作物

連作で品質向上	サツマイモ、カボチャ、タマネギ、ニンジン、ダイコンなど
連作の影響がない	トウモロコシ、ムギ類、漬け菜、カブ、アスパラガス、トウガラシ、ウド、ワサビ、レンコン、クワイ、ミズゼリなど

輪作であけたい年数の目安

あけたい年数	**1年**	ホウレンソウ、シュンギク、ネギ、レタスなど
	2年	キュウリ、キャベツ、ブロッコリー、ハクサイ、イチゴなど
	3年	ソラマメ、サトイモ、インゲンなど
	4~5年	トマト、ナス、ピーマン、ジャガイモ、エダマメ、エンドウなど

2章

野菜別
連作障害予防・
対処のワザ

病害虫を抑える予防

野菜残渣を鋤き込む

残渣は無理に持ち出さない

収穫後の野菜をそのまま残しておくと病害虫のすみかになるので、根ごと引き抜いて畑の外に持ち出して処分する……これは「家庭菜園の常識」です。

いっぽう、連作障害対策の「新常識」はその真逆。残渣を土に鋤き込んでだいじょうぶなの？　そんな印象をもつ人がいてもおかしくありません。

じつは、収穫後に株をきれいに抜き取ったつもりでも、地中にはかなりの量の根が残っています。また、枯れ葉のなかには地面に落ち、すでに分解が始まっているものもあります。そのような残渣すべてを畑から持ち出すというのは、現実的ではありません。それなら、無理に畑から持ち出さず、むしろ残渣を残さず土に鋤き込むことで分解微生物をふやし、病気に強い土をつくるのに積極的に利用しようというのが、この方法です。

残渣の鋤き込みとその効果

野菜の地上部と地下部を同じ場所に鋤き込むと、微生物が効果的に働き、残渣をスムーズに分解していく。

①刻んで乾燥させる

野菜残渣は、長さ20㎝程度に刻み、乾燥させると扱いやすく、鋤き込んだあとの分解も進みやすい。細かく切りすぎると、かえって分解が遅くなる

②微生物の餌

残渣をカラカラに乾燥させると、窒素成分などは減るが、粗大有機物として土の中にとどまり、微生物の餌としてゆっくり分解される

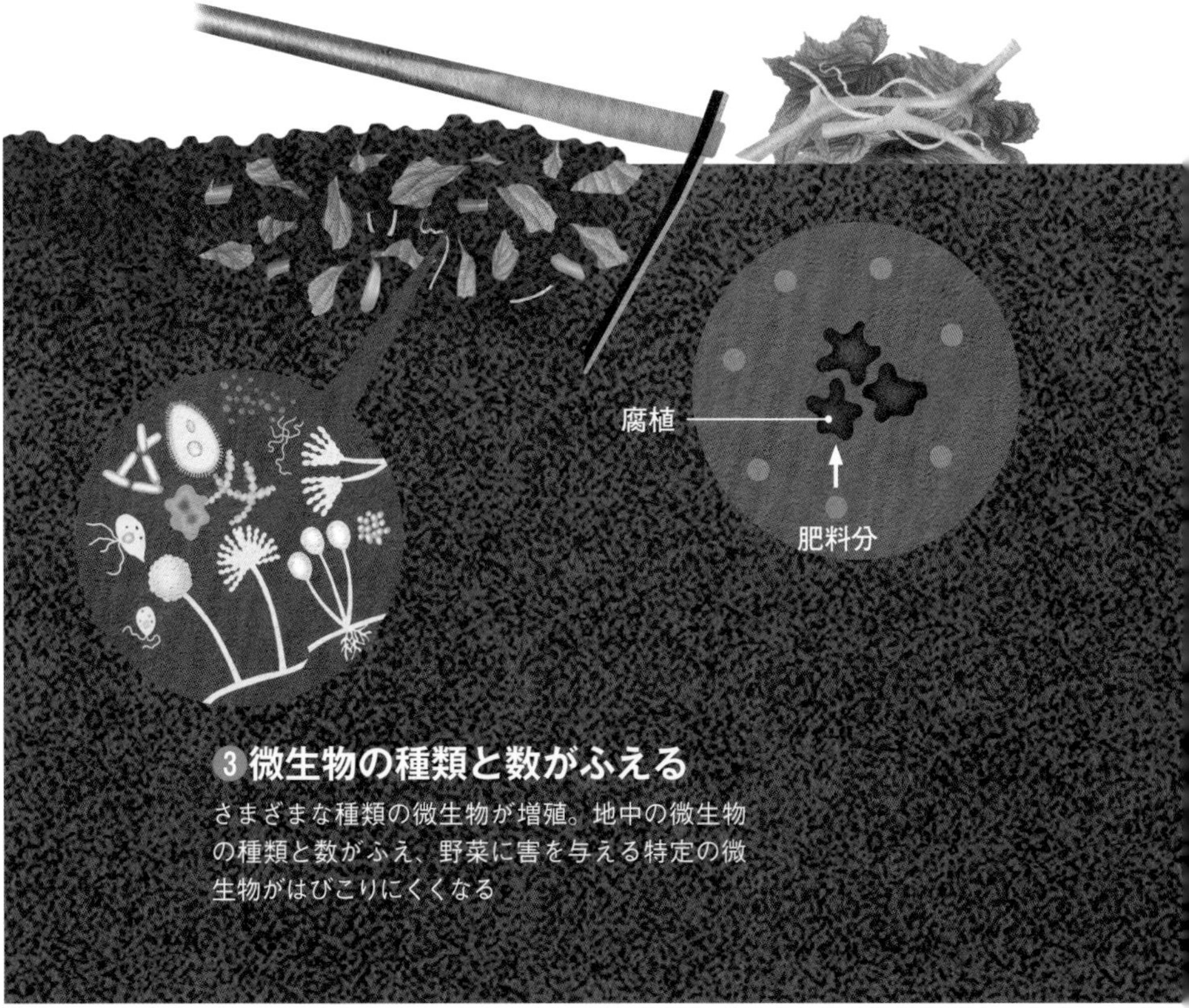

③微生物の種類と数がふえる

さまざまな種類の微生物が増殖。地中の微生物の種類と数がふえ、野菜に害を与える特定の微生物がはびこりにくくなる

④地力が高まる

微生物の分解によって、腐植がふえる。腐植はミネラル（微量成分）を含む肥料分を吸着する力が強い。微生物の活動によってできた物質（養分）を効率よく保持し、野菜が育ちやすくなる

よく乾かしてから鋤き込む

方法はとても簡単です。処分する株を根ごと抜き取り、全体を長さ20㎝ほどに刻みます。そのまま乾燥させ、カラカラになったら土に鋤き込みます。

鋤き込まれた残渣は微生物の餌になり、やがて※腐植《ふしょく》となります。ちなみに、葉や茎に付いている「葉面《ようめん》微生物」は、根など地中部の分解を得意とし、反対に根にいる「根圏《こんけん》微生物」は、地上部の茎葉を分解するのが得意です。

微生物は、残渣を分解しながら増殖していくため、地中ではさまざまな種類の微生物がふえ、土中の微生物相が豊かになります。同時に、病気の原因になる特定の微生物だけがふえるのを防ぐこともできるというわけです。

ただし、この方法で鋤き込めるのは、病気が発生していなかった株の場合。病気が発生していたときは、68ページの方法で鋤き込みましょう。

※腐植…土壌中の有機物が、微生物に分解される過程でできる黒褐色の物質。

地上と地中の微生物

葉や根には、その植物に特有の微生物が繁殖している。微生物は植物から出る有機物や、剥がれ落ちる細胞などを分解する掃除役を担っている。そして、分解された物質は、ふたたび野菜に利用されていく。

微生物は、自分たちがふだんいるのとは異なる部位を分解するのが得意。そのため、畑に鋤き込まれたあとは、茎葉にすむ葉面微生物は地中の根、根にいる根圏微生物は茎葉に働きかけ、全体に早く分解が進む

野菜を強くする予防

籾《もみ》殻《がら》くん炭《たん》を鋤き込む

菌根菌が共生する

　籾殻くん炭を土中に鋤き込むと、野菜と共生する菌根菌のすみかとなります。籾殻くん炭は多孔質で、主な成分は炭素のため、ほとんど養分がなく、微生物はあまり寄りつきません。しかし、ほかの微生物との競合に弱く、低栄養の場所を好む菌根菌にとっては、ぴったりのすみかとなります。

　菌根菌は菌糸を伸ばして野菜の根に入り込んで共生します。そして野菜から光合成によってつくられた糖などをもらう代わりに、根だけでは集めにくい土壌の肥料成分やミネラル、アミノ酸などや水分を広い範囲から吸収して、野菜に提供します。

　また、菌根菌が野菜の根につくと、それが刺激となり、野菜の抵抗性が誘導されて、病気に強く育ちます。さらに、野菜同士やほかの草を結ぶネットワークとしての役割を果たします。

この野菜に効く!

アブラナ科、ヒユ科を除く野菜

❶籾殻くん炭をまく

籾殻くん炭を1㎡当たり400～1500gまく

❷菌根菌がふえる

籾殻くん炭にあいた小さな穴をすみかに、菌根菌がふえていく

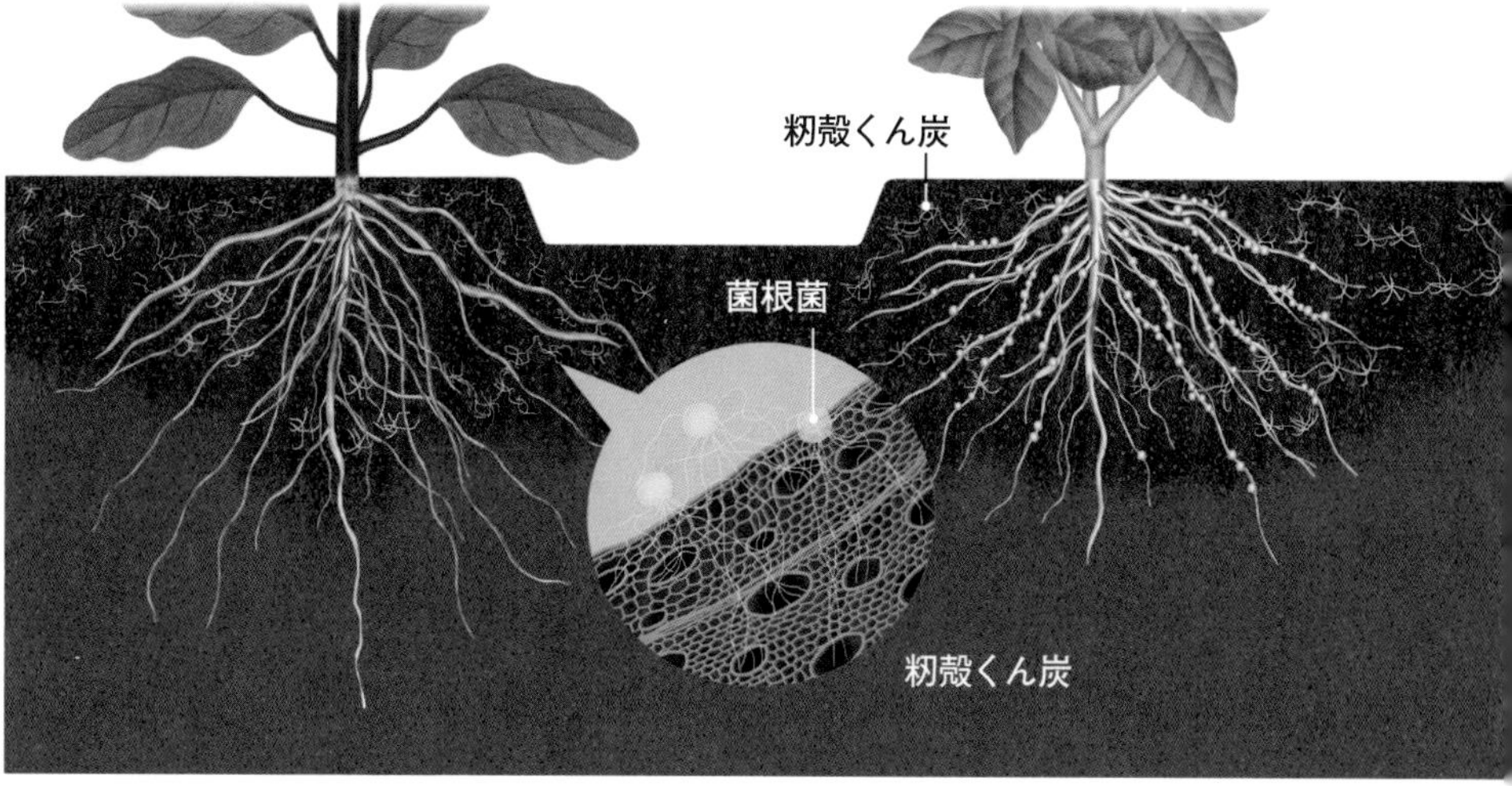

❸根と共生関係が生まれる

菌根菌はさまざまな種類の植物と共生し、肥料成分やミネラル、アミノ酸などを供給する

❹植物間のネットワークができる

植物と共生した菌根菌は、地中でネットワークを形成する。そして、野菜同士やほかの草を結び、各個体間で養分のやりとりを仲立ちする

❺抵抗性が高まる

菌根菌が根につくと、それが刺激となり、植物の抵抗性が高められ、病気に強くなる

※アブラナ科やヒユ科の植物には菌根菌は共生しないため、上記の効果は期待できない

多くの野菜

病害虫を抑える予防
米ぬかを鋤き込む

悪玉線虫を抑制する

米ぬかを鋤き込むことで、野菜に無害な線虫をふやし、ネコブセンチュウ、ネグサレセンチュウ、シストセンチュウなど野菜に寄生する「悪玉線虫（寄生型線虫）」を抑制する方法です。連作により、線虫害がひどくなった畑で行うと効果があります。

線虫にはきわめて多くの種類がいますが、植物に寄生して被害を与える種類はごくわずか。ほとんどの線虫は植物に寄生せず、土の中のさまざまな有機物や微生物を食べながら、自活して生きています。

米ぬかを鋤き込むと、この自活型線虫の仲間が急速にふえます。老廃物として出される尿酸は、すぐにアンモニアに変化するため、一時的に土の中のアンモニア濃度が高くなります。

自活型線虫はある程度のアンモニア濃度までは耐えることができますが、

この野菜に効く！

ナス科、ウリ科、アブラナ科、マメ科、オクラ、ニンジンなど悪玉線虫はその10分の1程度までしか耐えられません。そのため、自活型線虫をふやせば、悪玉線虫を減らすことができます。

こんな方法も

米ぬか土壌還元消毒

米ぬかは、連作障害の原因となる悪玉線虫や病害虫を減らすための「土壌還元消毒」にも使えます。気温の高い真夏に行いましょう。

❶米ぬかを鋤き込む

米ぬかを1㎡当たり200g程度まき、よく鋤き込む。

❷水をまいてマルチで覆う

ジャブジャブになるくらい大量の水をまき、土の表面を透明のポリマルチなどで覆う。空気が入らないよう、可能なかぎり密閉する。

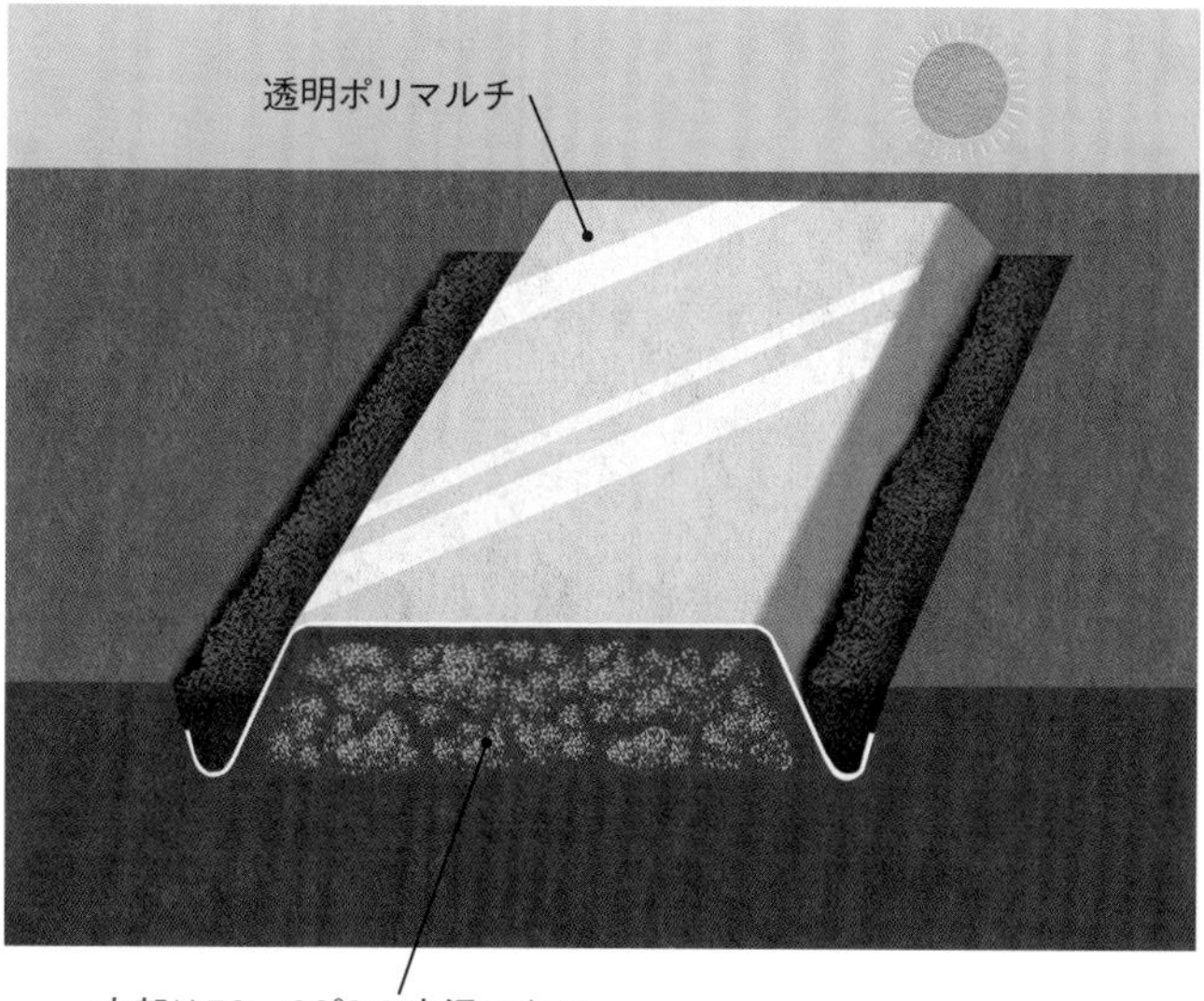

内部は50～60℃の高温になり、どぶのようなにおいを発し始める

❸病原菌や線虫が死滅

米ぬかを餌に微生物が一気に繁殖するが、すぐに酸欠に陥り、酸素を好む病原菌や線虫が死滅する。1か月以上たてば効果が期待できるので、マルチを剥がし、野菜づくりを始める。

米ぬかの鋤き込みとその効果

米ぬかは乳酸菌などさまざまな微生物の餌となる。２～３週間でほとんど分解され、養分に変わる。ここでは悪玉線虫を減らす目的で多量の米ぬかをまくため、最初のうちは微生物や線虫など、生物の活性がきわめて高まる。１か月以上たって、それが落ち着いてから野菜の栽培を始める。

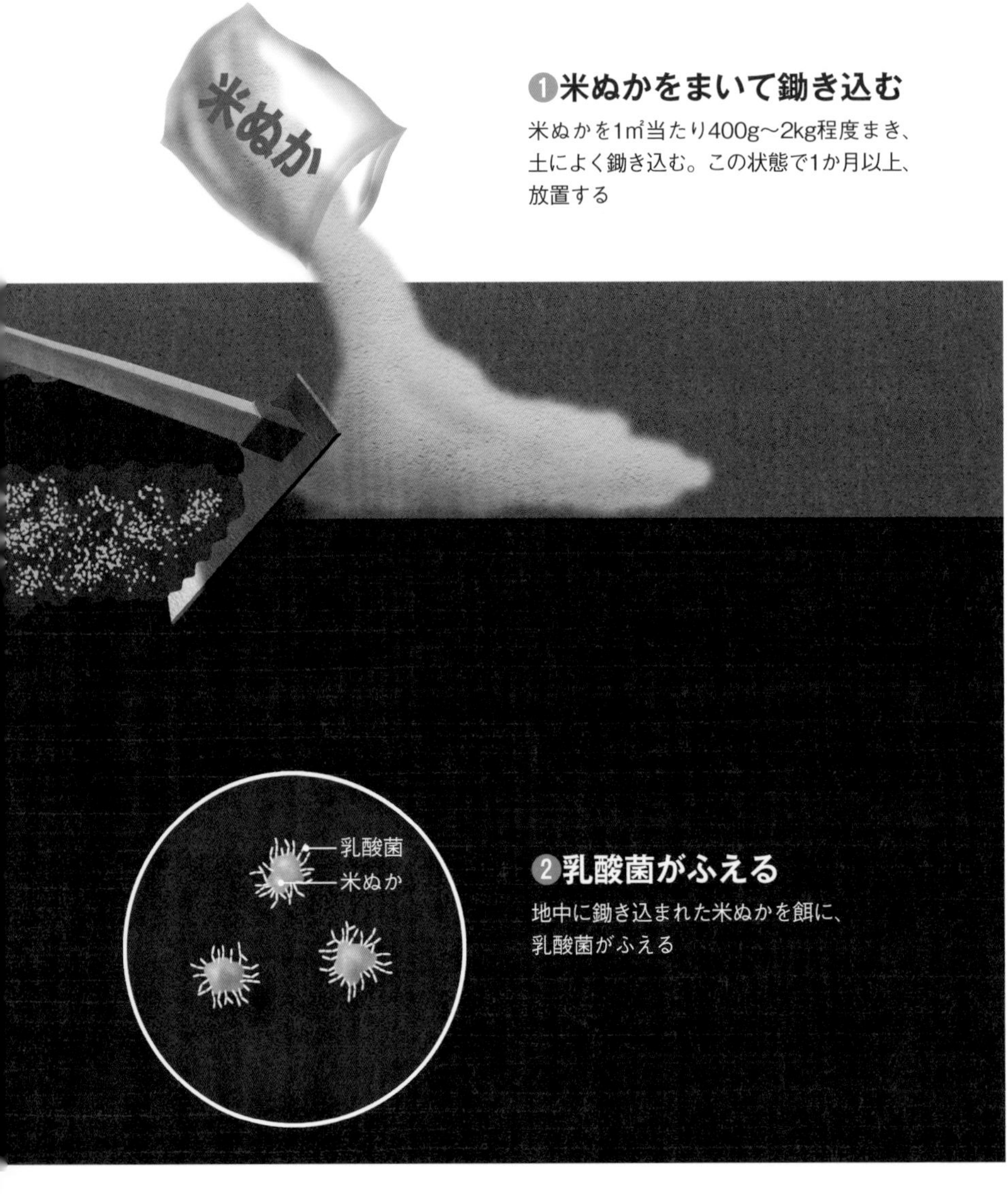

❶米ぬかをまいて鋤き込む

米ぬかを1m^2当たり400g～2kg程度まき、土によく鋤き込む。この状態で1か月以上、放置する

❷乳酸菌がふえる

地中に鋤き込まれた米ぬかを餌に、乳酸菌がふえる

自活型線虫の餌をふやす

米ぬかの鋤き込みは、自活型線虫の餌をふやすのにおおいに役立ちます。米ぬかはタンパク質やデンプン、ミネラルなど栄養分が豊富で、畑の土に混ぜると、それを餌に乳酸菌が一気にふえます。自活型線虫はこの乳酸菌を餌として、個体数が急速にふえていきます。

米ぬかの鋤き込みは、線虫の活動が盛んな春から秋の暖かい時季に行います。米ぬかをまいてから1か月以上たてば悪玉線虫の多くは死に、数を大きく減らしているため、問題なく野菜の栽培を始めることができます。

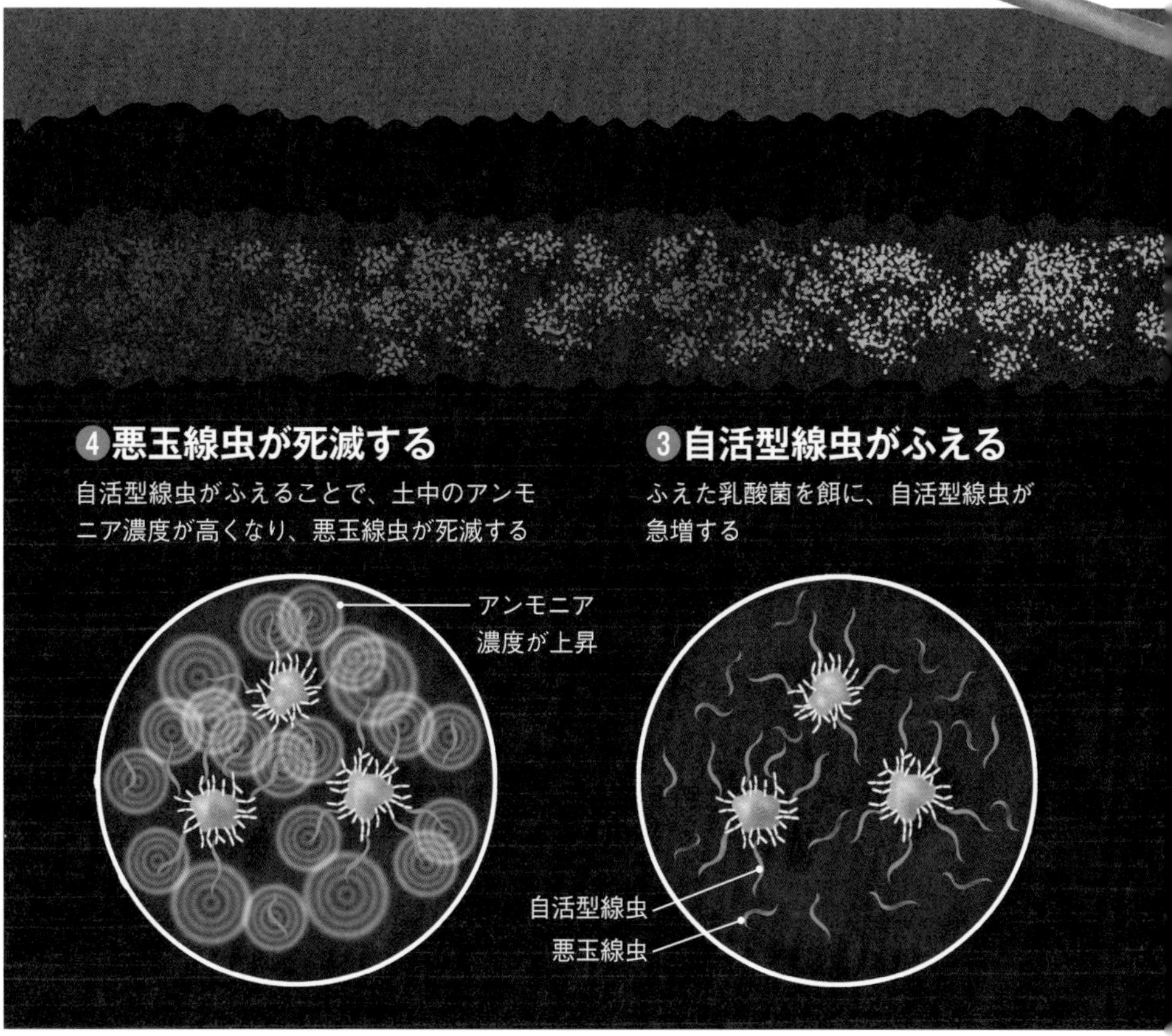

病害虫を抑える予防

アブラナ科野菜を鋤き込む

ツンとする辛みの正体

　アブラナ科野菜の残渣を鋤き込むと、連作障害の原因となる病原菌や悪玉線虫を減らす効果があります。この方法を、バイオフューミゲーション（生物的くん蒸《じょう》）といいます。

　ワサビやカラシナに代表されるように、アブラナ科野菜には独特の辛みやツンと鼻を刺激する香りがあります。これはイソチオシアネートという物質によるもので、アブラナ科野菜がつくるグルコシノレート（カラシ油配糖体）が空気と触れると生成されます。イソチオシアネートは揮発性で、強い殺菌・殺虫効果があります。

　おすすめは、秋冬にアブラナ科野菜を育て、収穫後に残渣を鋤き込み、春になったらナス科やウリ科など夏野菜の苗を植える方法です。前後作でタイミングよく育てられるだけでなく、毎年同じ作付けプランで連作もできます。

この野菜に効く！

ナス科、ウリ科など

❶アブラナ科野菜を育てる

アブラナ科ならなんでもよいが、キャベツやブロッコリーなどは鋤き込める残渣の量が多いのがメリット。カラシナやタカナはグルコシノレートの量が多く効果的。連作障害がひどい場合は、緑肥用のカラシナがおすすめ

❷刻んで鋤き込む

収穫後、花が咲いて種ができる前に15～20㎝の長さに切り、地中に鋤き込む

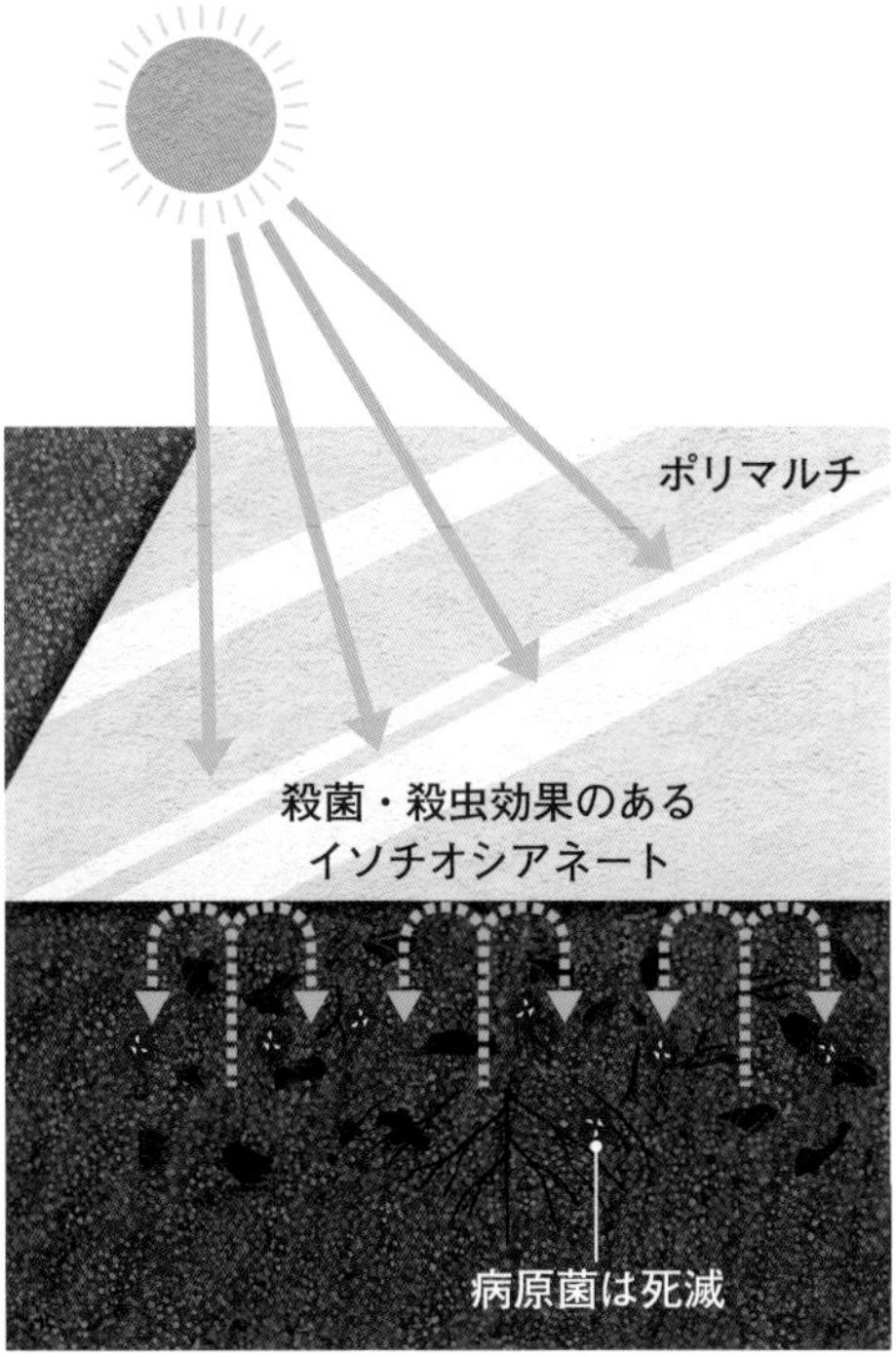

❸ポリマルチで覆う

土壌微生物による分解が始まると、グルコシノレートは殺菌・殺虫効果のあるイソチオシアネートへと変化する。イソチオシアネートは揮発性なので、拡散しないように畑に鋤き込んだらポリマルチで覆うとよい

❹病原菌や悪玉線虫が死滅

1か月ほど放置すると分解が進んで、イソチオシアネートの殺菌効果により、土中の病原菌や悪玉線虫が減る。残渣は養分にもなり、土づくりにも役立つ

アブラナ科

おとりダイコンで撃退

病害虫を抑える予防

根こぶ病菌の密度を下げる

連作障害として起こりやすいアブラナ科野菜特有の病気に「根こぶ病」があります。根こぶ病菌が根に侵入してこぶをつくり、根にダメージを与え、生育を悪くします。とくにハクサイやキャベツなど栽培期間が長いものは、結球しなくなったり、収量が激減したりすることもあります。

対策として効果的なのは、同じアブラナ科のダイコンを「おとり作物」として育てること。ダイコンが根を伸ばすと、近くの根こぶ病菌が側根に侵入してきます。しかし、根こぶ病菌はダイコン内では繁殖できないため、その分、土壌中の病原菌は減っていき、ダイコンの収穫とともに畑から外に持ち出されます。

いわばダイコンは掃除役。ダイコン自体は健康に育つので、通常どおり収穫して利用できます。

❷ダイコンといっしょに取り除かれる

根こぶ病菌は、ダイコンといっしょに畑から外に持ち出される。同じ場所で、次作にハクサイなどのアブラナ科の野菜を植えつけて育てる

❶根こぶ病菌が寄生する

根こぶ病の休眠胞子が発芽し、ダイコンの側根に近づいて寄生する。病原菌はダイコンの中では繁殖できない

根こぶ病菌は、いちど発生すると、休眠胞子の状態で10年以上も生き続ける。そのため、5～6年かけて輪作を行っても、再発する可能性が高い

根こぶ病菌は可食部には影響を与えない。収穫したダイコンは、通常のダイコンと同じように食べられる

葉ダイコンを密植ぎみに育ててもよい。葉ダイコンなら、種まきから収穫までの時間が短くてすむ

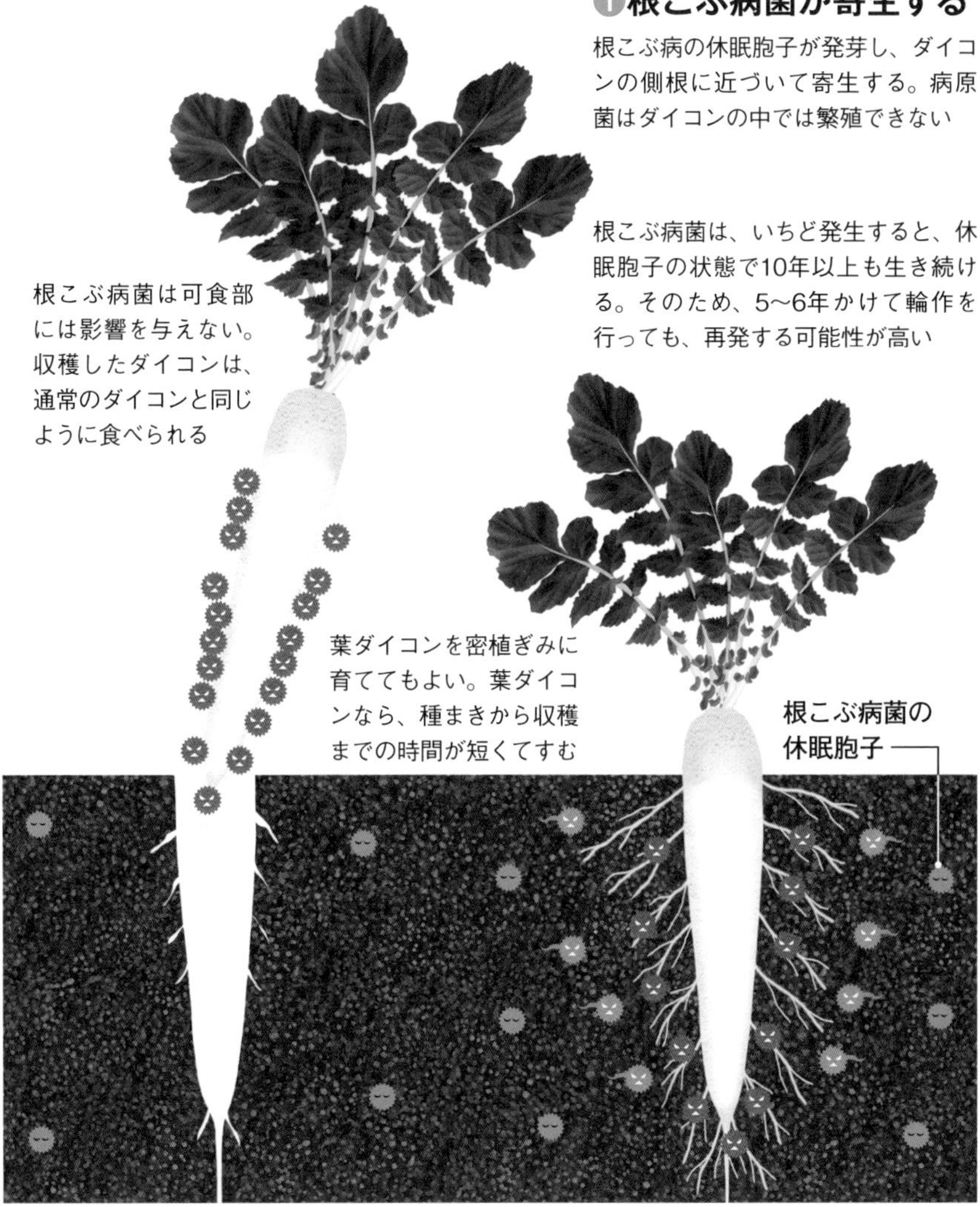

アブラナ科

病害虫を抑える予防

土壌改良資材を混ぜる

根こぶ病菌を抑制する

「おとりダイコン」とともに有効な根こぶ病対策の方法です。土壌改良資材の「転炉《てんろ》スラグ」や「コーラル」には、アブラナ科の連作障害である根こぶ病を抑制する働きがあります。

　根こぶ病菌はアルカリ性に弱く、pH7・2以上の弱アルカリ性の土壌では野菜に感染しなくなります。鋼《はがね》を製造するときに出る転炉スラグには石灰分が多く含まれ、土をアルカリ性に傾かせる働きがあるため、一定量を畑に施すと、根こぶ病を抑えることができます。また、鉄やマンガンなども多く含まれ、これらの欠乏症の心配もありません。

　コーラルはサンゴ化石のことです。根こぶ病の休眠胞子は、マイナスに帯電します。一方、コーラルはプラスに帯電するため、コーラルを土とよく混ぜておくと地中の休眠胞子が吸着され、発芽できなくなります。

転炉スラグ

転炉スラグは、製鉄所で銑鉄から鋼を製造するときにできる。主成分のケイ酸カルシウムのほか、植物の生育に必要なマグネシウム、リン酸、鉄、マンガンなどの微量成分を含む。

❶土に鋤き込む

1m^2当たり2～3kgを鋤き込む

❷土がアルカリ性に傾く

畑の土は中性から弱アルカリ性になり、酸性を好む根こぶ病菌は、野菜に感染できなくなる

❸野菜の生育をよくする

主成分のケイ酸は野菜に吸収され、株を強くする。アブラナ科には弱酸性よりも中性から弱アルカリ性の環境を好むものが多い

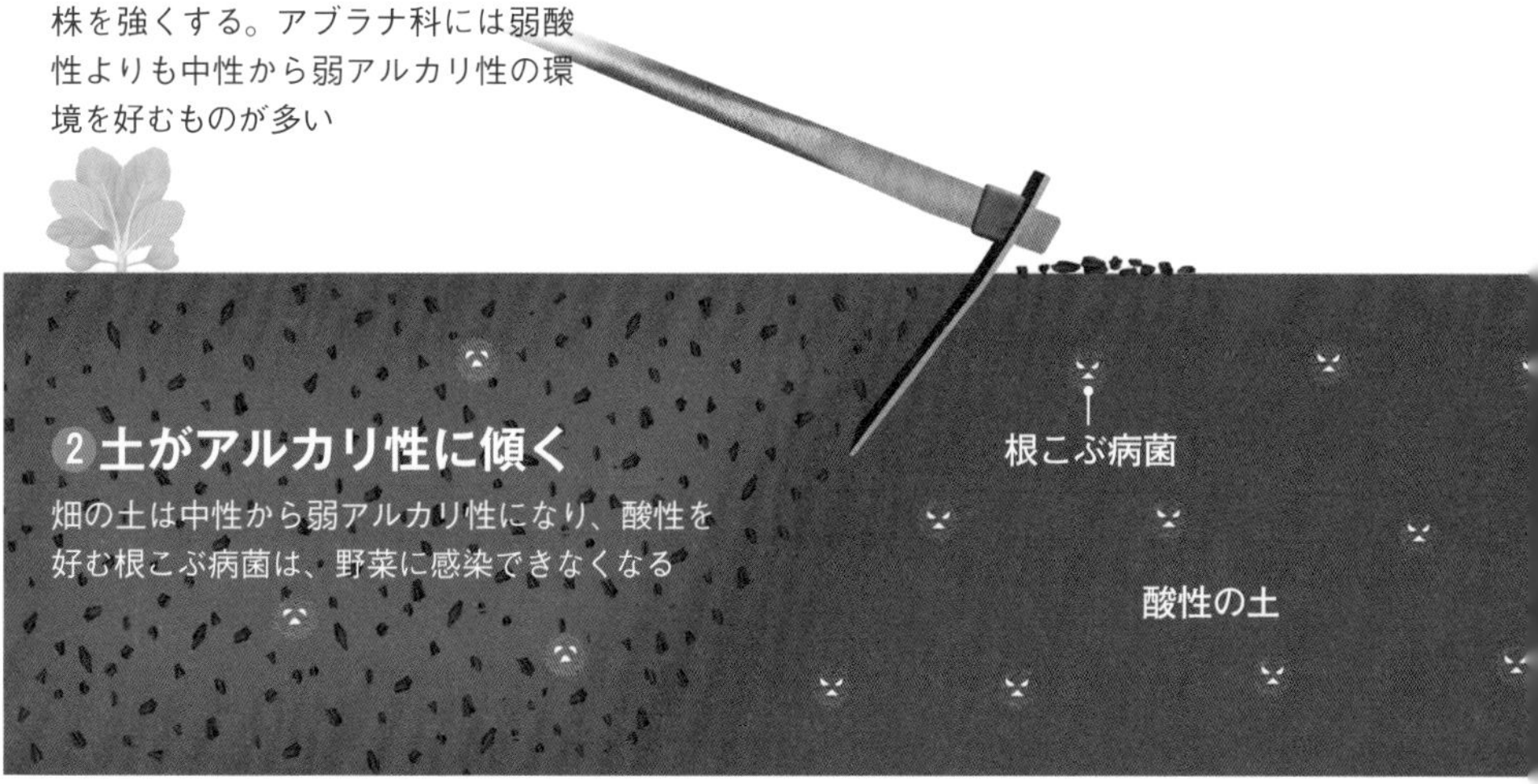

コーラル

主成分は炭酸カルシウムでアルカリ性。サンゴ礁が隆起した島々では根こぶ病の発生が少ないことから、注目されるようになった。

植え穴に施す

苗を植えつける前に、植え穴にコーラル50g程度を入れ、土とよく混ぜておく。

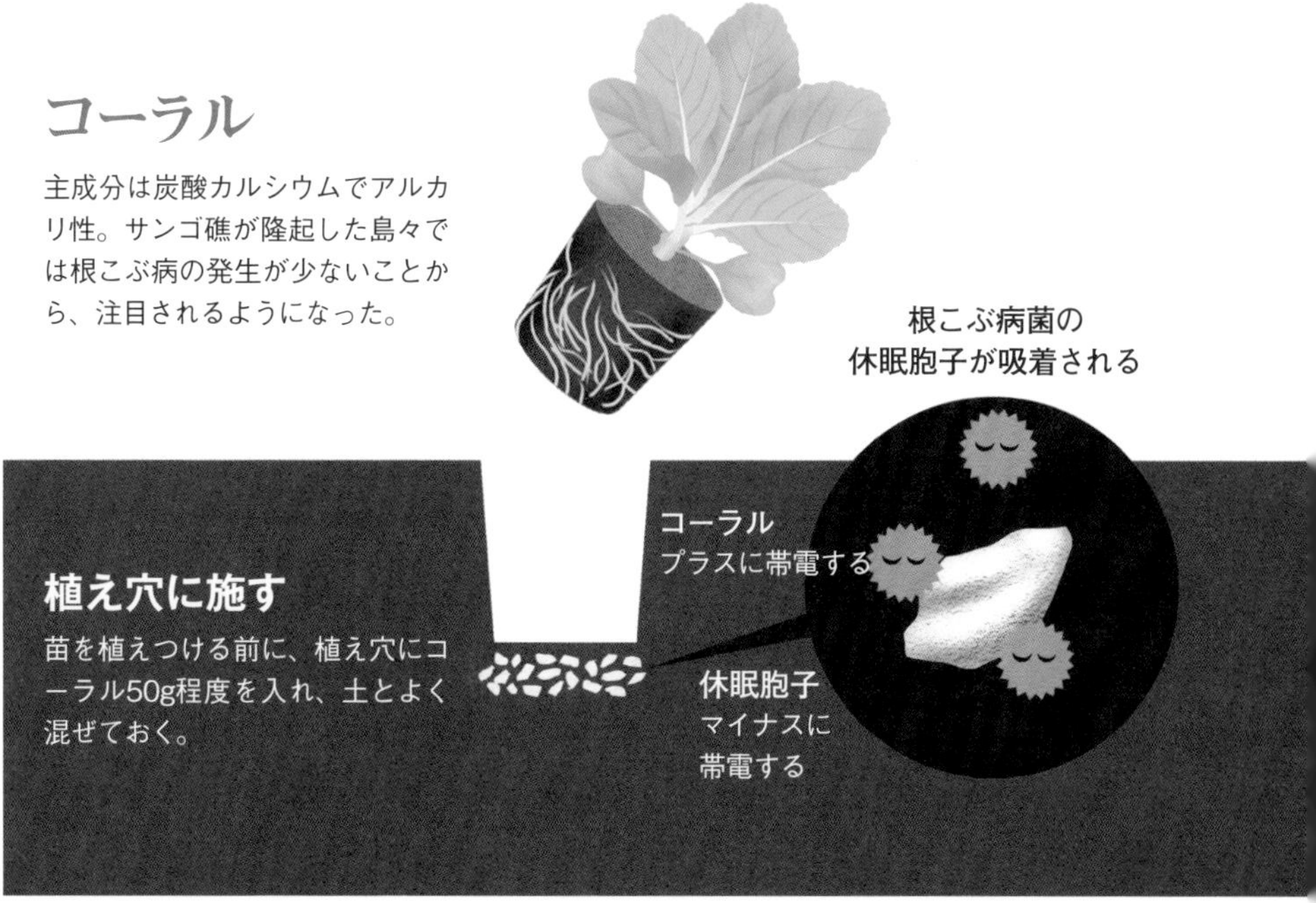

トマトなど

病害虫を抑える予防

カニ殻をよく鋤き込む

萎《い》ちょう病菌を退治

トマトやホウレンソウなどの連作によって発生しやすい萎ちょう病は、萎ちょう病菌（カビのフザリウムの一種）が原因です。

地中で長期間生き続けるやっかい者で、一定数まで増殖すると、病気を引き起こします。

フザリウムにはさまざまな種類がありますが、いずれも細胞膜がキチン質というかたい物質に覆われているのが特徴です。

とはいえ、フザリウムにも天敵がいます。それが、キチン質を餌にする放線菌で、フザリウムに取り付き、酵素（キチナーゼ）の働きでキチン質ごと分解します。つまり、放線菌がふえれば、萎ちょう病は予防できます。

放線菌をふやすのに有効なのが「カニ殻」です。カニ殻にはキチン質が豊富に含まれており、これが放線菌の大

この野菜に効く！

トマト、ナス、キュウリ、スイカ、ホウレンソウ、ダイコン、キャベツなど

カニ殻資材で放線菌をふやす

カニ殻は主成分がキチン質。大量に土に鋤き込むことであらかじめキチン質を分解するのが得意な放線菌をふやしておく。

どうする？

❶カニ殻をまく

苗を植えつける2週間前までに、カニ殻を1㎡当たり200～400gばらまく。基本の対策(p.34)の2回めの耕起のさいにいっしょに行うとよい

❷米ぬかをまく

米ぬかを1㎡当たり100～200gまく。米ぬかは放線菌の養分となり、放線菌がふえやすくなる

❸よく鋤き込む

鍬やスコップで土を耕し、よく混ぜておく

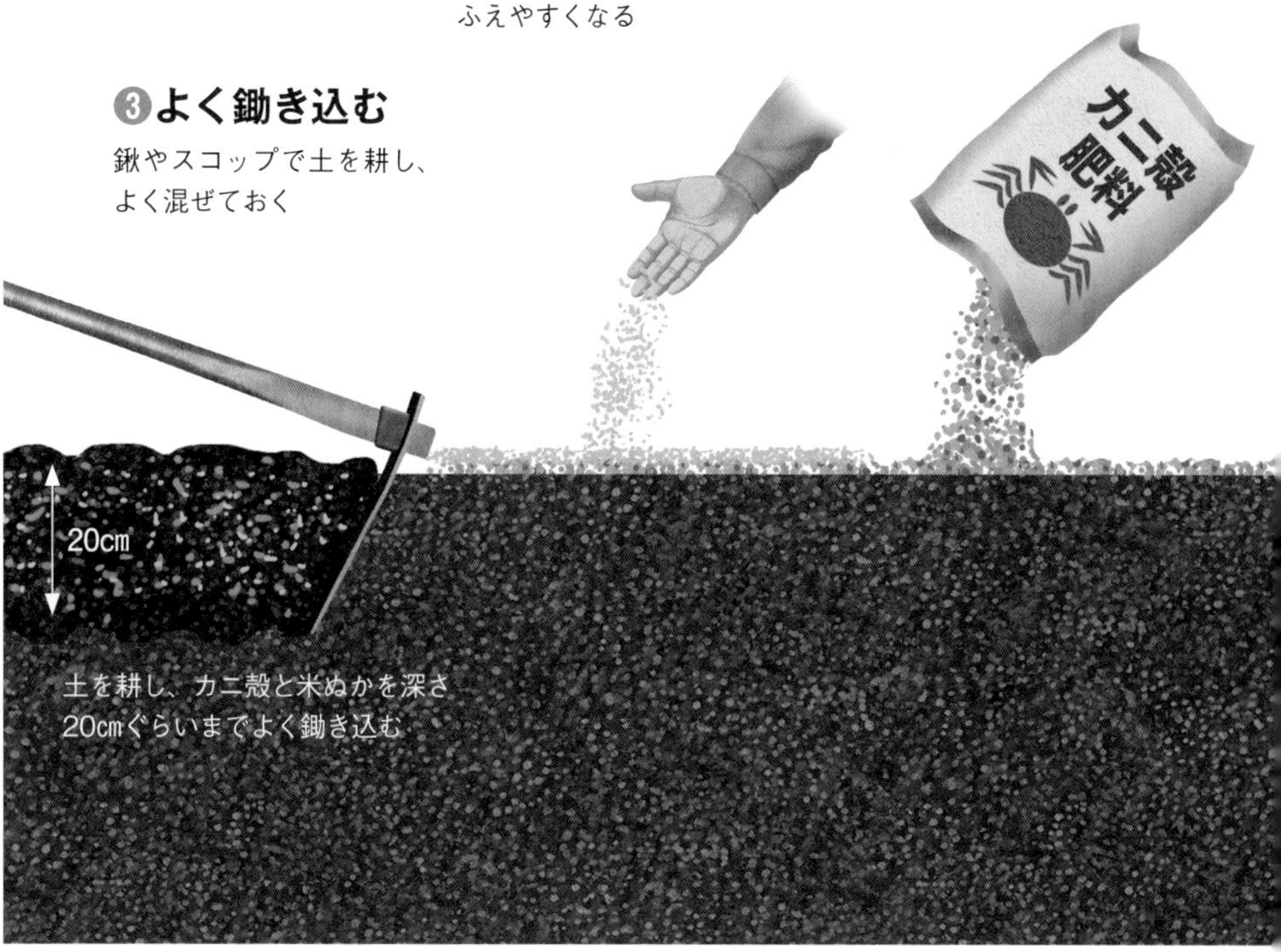

土を耕し、カニ殻と米ぬかを深さ20cmぐらいまでよく鋤き込む

好物です。カニ殻を土に鋤き込めば、それを餌に放線菌が爆発的にふえ、カニ殻とともに萎ちょう病菌であるフザリウムも分解されます。カニ殻は粉末のものやペレット状に固めたものが土壌改良資材や肥料として市販されています。

ナスの半枯病やイチゴの萎黄病、キュウリやスイカのつる割病、ホウレンソウの萎ちょう病も、フザリウム（トマトの萎ちょう病菌とは別種）が原因。これらの野菜を前年と同じ場所で育てるさいも、同じ方法で予防できます。

こうなる！

❶放線菌が増殖する

カニ殻を餌に、放線菌がふえ始める

❷フザリウムが減る

放線菌は、カニ殻のキチン質を分解するため、キチナーゼという酵素を分泌。キチナーゼにより、フザリウムの細胞膜を守るキチン質も分解される

❸萎ちょう病が発生しなくなる

病害虫を抑える予防

コンパニオンプランツを利用する

この野菜にも効く!
ナス科、ウリ科、ホウレンソウなど多数の組み合わせあり

いっしょに育てて病害を防ぐ

いっしょに育てると、生育によい影響を与える作物を「コンパニオンプランツ」といいます。コンパニオンプランツのなかには、連作障害である土壌病害の発生を抑えたり、被害を軽減させるものがあります。

トマトやナス、ピーマンなどのナス科、キュウリ、スイカ、メロンなどのウリ科などの果菜類は、連作障害が出やすいとされています。

これらの野菜の連作障害を防ぐのにとくに有効なのが、ネギの仲間（ネギ属）です。ネギ属の根には、バークホーデリア・グラジオリーという細菌が共生しています。この細菌が、一種の抗生物質を出すため、土壌中の病原菌が減るのです。

組み合わせを考えるときに注目した

いのが、それぞれの野菜の根の張り方です。トマトやナスなどのナス科野菜は根を比較的深く張るため同じような根域のニラを、キュウリやスイカなどのウリ科野菜は根を浅く広く伸ばすため、やはり根域の近い長ネギを混植します。これにより、トマトの萎ちょう病、ナスの半枯病、キュウリ、スイカのつる割病などを抑える（80ページ）ことができます。

ネギ属を使う場合の植えつけ方

根が伸びたときに、たがいに絡み合っていくように、果菜類の根鉢と、ネギ属の根が触れ合うように植えつける。

ニラを使う場合

ニラは地中の深い所まで根を伸ばす。そこで、同じように根を深く伸ばすトマト、ナスなどのナス科の野菜と組み合わせる。根域が近いため、たがいの根がよく絡む。

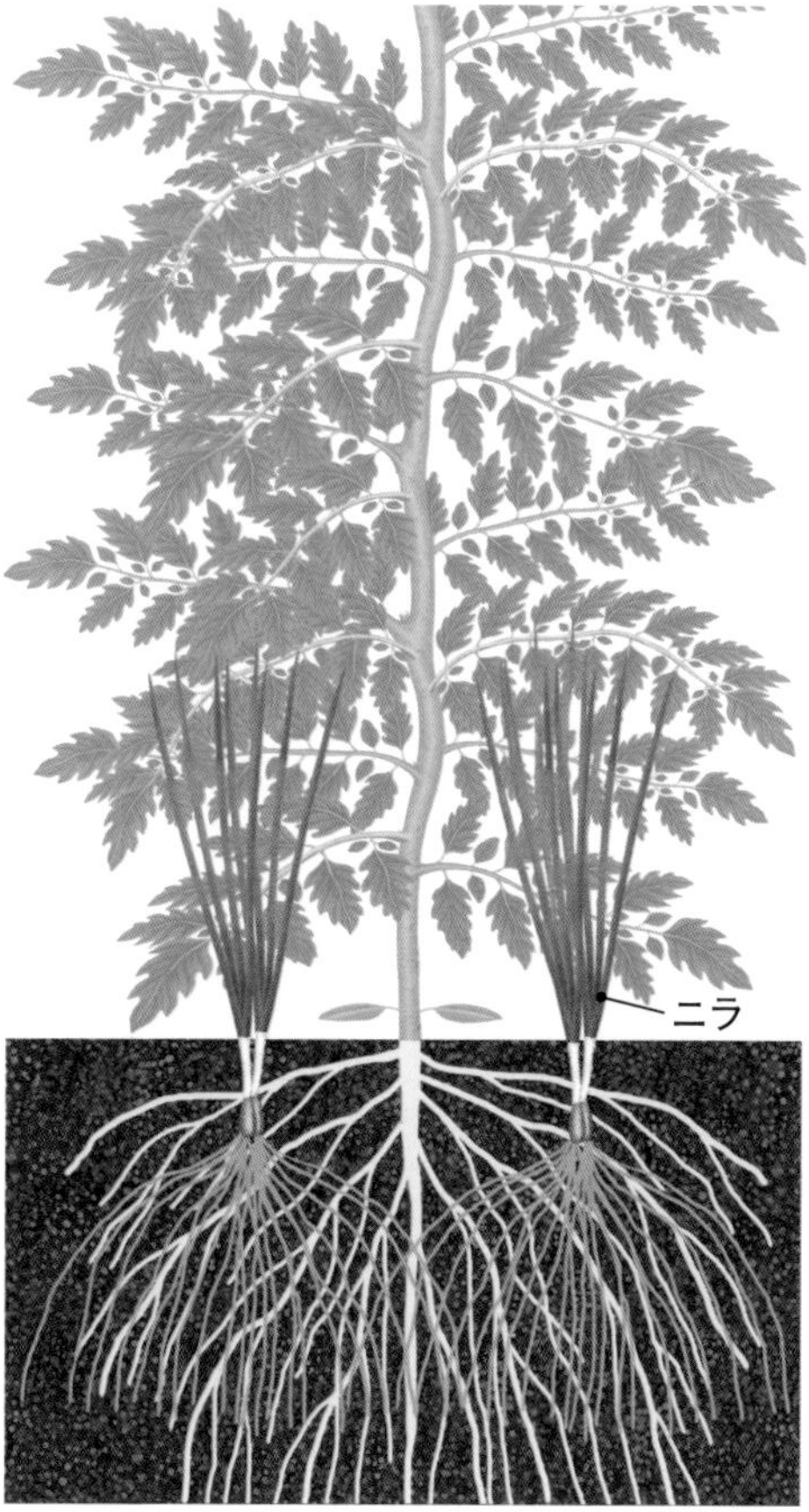

ニラや長ネギの根に共生するバークホーデリア・グラジオリーはフザリウムが原因の病気に効果的(p.61参照)

トマトなど

病害虫を抑える予防

マルチで泥跳ねを防ぐ

病原菌から葉を守る

連作による病気の多くは、土中に残った病原菌が、根から侵入することで引き起こされます。ところが、根からでなく葉から侵入する病原菌もいます。代表的なのは、トマトやナス、ジャガイモ、キュウリなどで発生する疫病菌です。

しかし、地中にいた疫病菌が、いったいどうやって地上の葉から侵入するのでしょうか。

答えは泥跳ねです。雨降りにより、菌を含んだ畑の土が跳ねて葉に付着し、菌が葉の気孔から入り込むのです。そのため、病気の予防には泥跳ねを防ぐことが重要です。

簡単なのは、マルチングです。ポリマルチで株元を覆えば、雨が降っても、泥跳ねの心配がほとんどありません。

疫病菌の胞子（遊走子《ゆうそうし》）は、水の中を泳いで移動する性質があります。雨により、土中の水分量が増えると、菌の活動も活発になります。

一方、マルチをすれば過湿にはならず、菌の活動も抑えられます。また、土に触れやすい下葉を取り除くことにも効果があります。

この野菜に効く！

ナス科、ウリ科、ヒガンバナ科ネギ属など多くの野菜

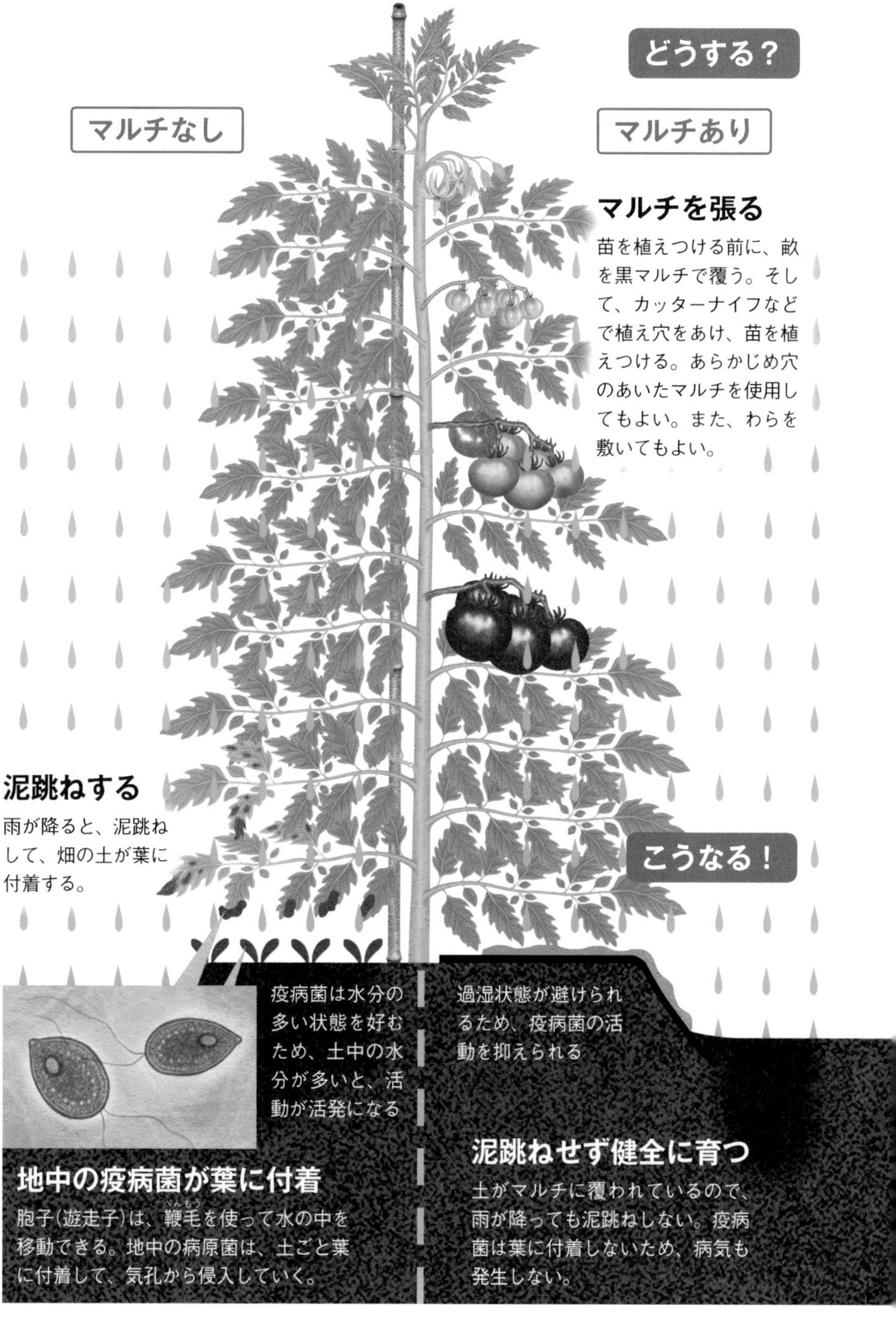
どうする？
マルチなし
マルチあり
マルチを張る
苗を植えつける前に、畝を黒マルチで覆う。そして、カッターナイフなどで植え穴をあけ、苗を植えつける。あらかじめ穴のあいたマルチを使用してもよい。また、わらを敷いてもよい。
泥跳ねする
雨が降ると、泥跳ねして、畑の土が葉に付着する。
こうなる！
疫病菌は水分の多い状態を好むため、土中の水分が多いと、活動が活発になる
過湿状態が避けられるため、疫病菌の活動を抑えられる
地中の疫病菌が葉に付着
胞子(遊走子)は、鞭毛《べんもう》を使って水の中を移動できる。地中の病原菌は、土ごと葉に付着して、気孔から侵入していく。
泥跳ねせず健全に育つ
土がマルチに覆われているので、雨が降っても泥跳ねしない。疫病菌は葉に付着しないため、病気も発生しない。

トマトなど

病害虫を抑える予防

残渣を片づけ、支柱を洗う

この野菜に効く!

すべての野菜

畑を掃除して、病原菌を取り除く

トマトは意外と寒さに強く、とくにミニトマトは霜が降りるまで収穫を続けられます。遅い時期までトマトを栽培していると、その後に育てられる野菜がないため、急いで片づける必要もなく、トマトの残渣がそのままになっていることも多いのではないでしょうか。

灰色かび病などの病原菌は、この残渣に付着して越冬し、翌年ふたたびトマトに感染します。残渣が残っている場合、速やかに畑の外に持ち出し、処分しましょう。灰色かび病は多くの野菜でみられる病気なので気をつけます。

また、前年の栽培に使った支柱がそのままになっている場合も要注意です。トマトのかいよう病の病原菌は、乾燥に強い細菌です。株と接触した支柱には病原菌が付着し、そのまま生き残っていることがあります。支柱を使う前には、よく水洗いして汚れや病原菌を洗い流し、新しい苗への感染を防ぎます。

苗を支柱に誘引するときに、茎や葉を傷つけないようにすることもかいよう病予防に重要です。

どうする？

流水でよく洗う

支柱は、1本ずつ流水をかけながら、たわしや雑巾を使いていねいに洗う。

先端部分までしっかりと洗う。また、汚れがあれば、タワシなどできれいに落とすこと

こうなる！

清潔な支柱で健全に育つ

洗った支柱には、かいよう病をはじめとした病原菌がほとんどいなくなる。地上部からの病気の感染を防ぐことができ、健全な株に育つ。

茎葉を傷つけないよう注意

苗を支柱へ誘引するさい、支柱の表面と茎や葉が接触すると、こすれて傷つくことがある。かいよう病菌は、その傷口から侵入する。

残渣を取り除く

前年の残渣がそのままになっている場合は、速やかに畑から片づける。

残渣を取り除くことで、灰色かび病菌など病原菌のすみかはなくなり、病気も発生しにくくなる

環境を整える対処

病気株を鋤き込む

この野菜に効く！

トマト（萎ちょう病）、メロン（つる割病）、ホウレンソウやインゲン（立枯病）など

土の中に「抗体」をつくる

病気の株は、根ごと引き抜いて、畑の外に持ち出して処分するのが野菜づくりの常識とされています。ところが、逆に症状の激しい病気株を生のまま土に鋤き込むと、その後の病気の発生を抑えられることがわかっています。一種の裏ワザで、「ワクチン接種」といえる対処法です。

旺盛に活動している病原菌は、休眠した胞子と異なり、無防備でほかの微生物に分解され（食べられ）やすい状態にあります。

そのため、病原菌のついた病気株を切って畑にすぐに鋤き込むと、土の中には病原菌を餌として利用する微生物が一気にふえていきます。その結果、病原菌がはびこることができなくなり、次作以降の病気の発生が抑えられるのです。

❶病気株を生のまま鋤き込む

病気株の鋤き込みは、もっとも症状が激しいときに行う。株を20cm程度に細かく切って、その場所に鋤き込む。病気株を乾燥させると、病原菌は「耐久体」になってしまい、分解されにくくなるので、かならず生の状態で行う

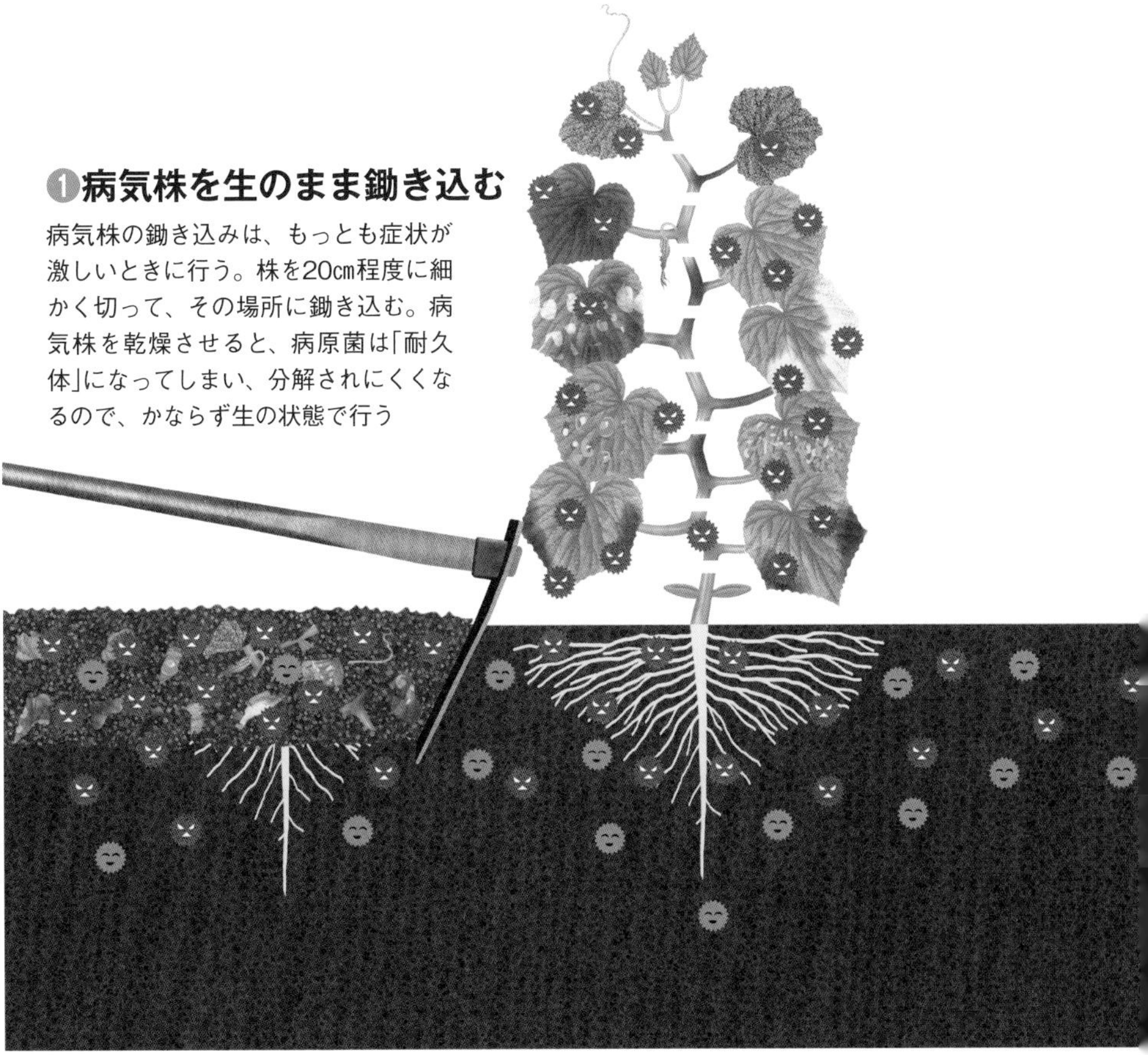

注意点

アブラナ科(根こぶ病・軟腐病)、ナス(青枯病)などの病気株を鋤き込むと、かえって病害が増えてしまう。これらの場合は、病気にかかっていない野菜残渣の鋤き込み(p.42)など別の方法で対処する。また、ウイルスが原因で引き起こされる病気にかかった株の場合も、鋤き込まないこと。

❷病原菌が分解される

病原菌は無防備な状態なので、土の中に鋤き込まれると、ほとんどのものがほかの微生物に分解されてしまう

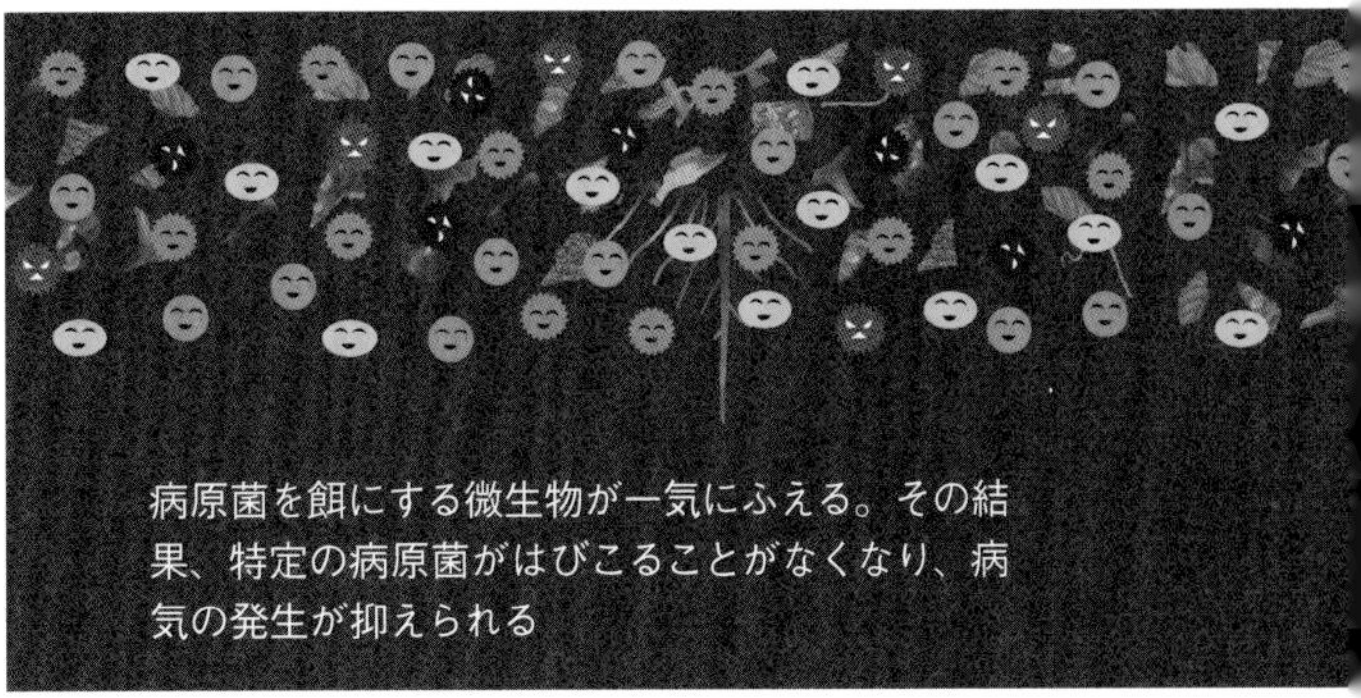

病原菌を餌にする微生物が一気にふえる。その結果、特定の病原菌がはびこることがなくなり、病気の発生が抑えられる

病害虫を抑える予防

ラッカセイをいっしょに育てる

ネコブセンチュウを防ぐ

ナスがネコブセンチュウに寄生されると、根にこぶができ、養水分の吸収が阻害されます。収量が落ち、ひどい場合は枯れてしまうこともあります。

ネコブセンチュウはトマトなどにも寄生しますが、ナスの場合、トマトよりも根からの水分吸収量が多いため、より深刻なダメージを受けます。

じつは、ラッカセイを育てた畑では、ネコブセンチュウの数が減ることが知られています。ネコブセンチュウはラッカセイの根を好んで寄生するものの、ラッカセイの根にはネコブセンチュウの生育を阻害する働きがあり、それ以上増えることができません。そこで、ナスとラッカセイをいっしょに育てると、ネコブセンチュウはラッカセイの根のほうにより引き寄せられ、数が減るため、ナスの線虫害が抑えられるというしくみです。

生長したラッカセイは地表を覆うため、ナスの株元を保湿するマルチの役割も果たします。さらに、ラッカセイの根に共生する根粒菌の働きで土が肥沃になり、ナスの生育がよくなります。

どうする？

ラッカセイの種をまく

5月下旬までに、畝の両肩にラッカセイの種をまく。ナスの苗の植えつけと同じタイミングで行ってもよい。

発芽不良に備え1穴に2粒ずつまくとよい。本葉1.5枚で1株に間引く

ラッカセイの収穫は晩秋。秋ナスの収穫を終える頃、ラッカセイを収穫できる

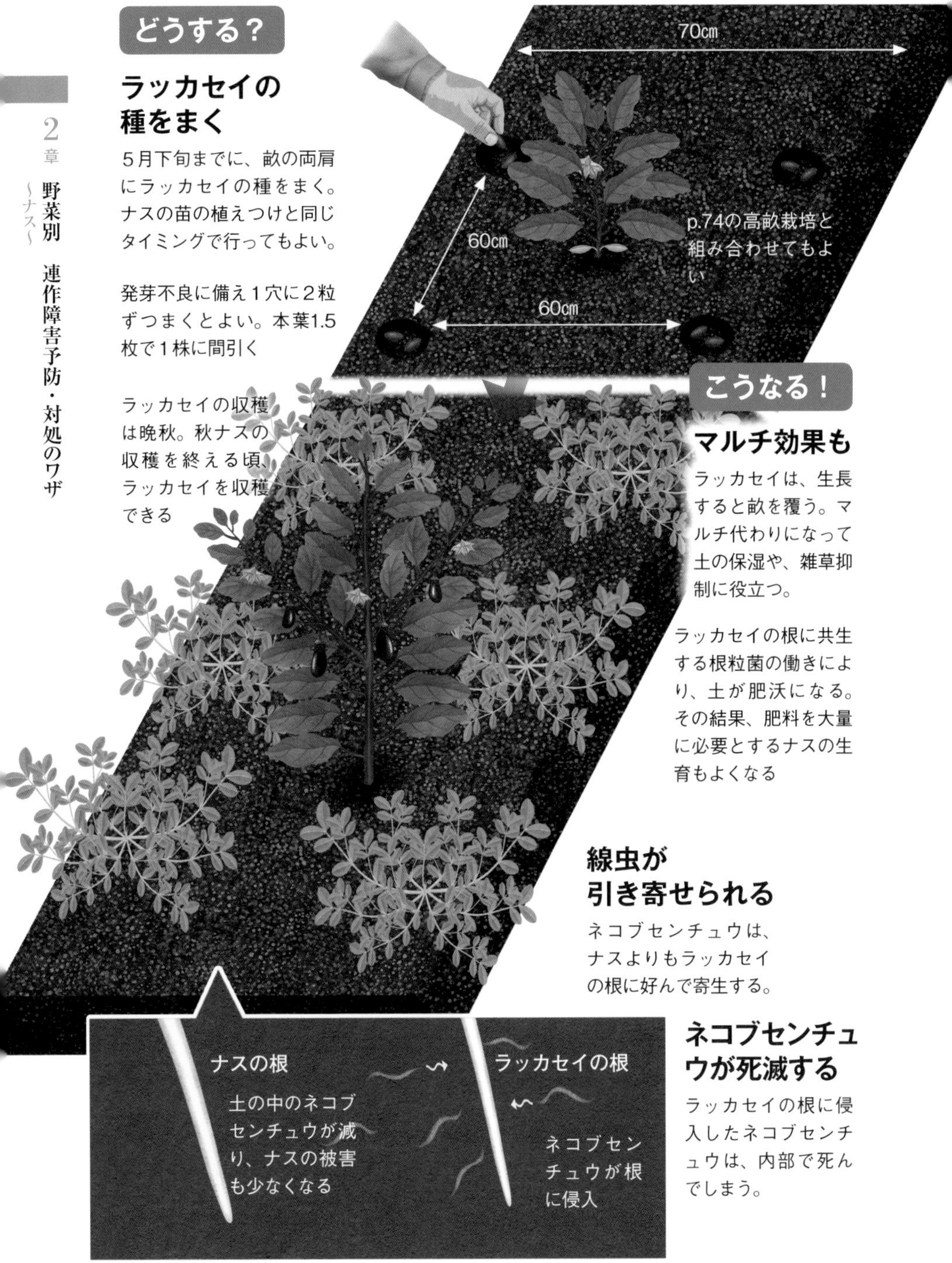

こうなる！

マルチ効果も

ラッカセイは、生長すると畝を覆う。マルチ代わりになって土の保湿や、雑草抑制に役立つ。

ラッカセイの根に共生する根粒菌の働きにより、土が肥沃になる。その結果、肥料を大量に必要とするナスの生育もよくなる

線虫が引き寄せられる

ネコブセンチュウは、ナスよりもラッカセイの根に好んで寄生する。

ネコブセンチュウが死滅する

ラッカセイの根に侵入したネコブセンチュウは、内部で死んでしまう。

病害虫を抑える予防

ネギ属と交互に育てる

この野菜に効く！

ナス科、ウリ科、マメ科など

微生物の力を徹底活用

春から夏にトマトを植え、同じ場所で秋から冬にブロッコリーを育て、春になったらまたトマトを植える……このように1か所で同じ種類の野菜を交互に育てることを「交《こう》互《ご》作《さく》」といい、育てる野菜の組み合わせしだいでは、連作障害を抑えることもできます。では、どんな組み合わせがよいのでしょうか。

基本的な考え方は、コンパニオンプランツ（61ページ）と同じです。たとえば長ネギの場合、根に共生する微生物が抗生物質を分泌し、地中の病原菌を死滅させることで、いっしょに育てる野菜の病気発生を抑えます。

じつは、微生物の出した抗生物質の効果は、長ネギの収穫後も持続します。そのため、同時に栽培する野菜だけでなく、次に育てる野菜の病気も抑制してくれます。

左ページで取り上げたのは、タマネギと秋ナスの交互作です。なお、最初の例のようにトマトやナスと、アブラナ科野菜を鋤き込む（52ページ）と、病気や線虫害を防げることが知られています。

タマネギと秋ナスの交互作の場合

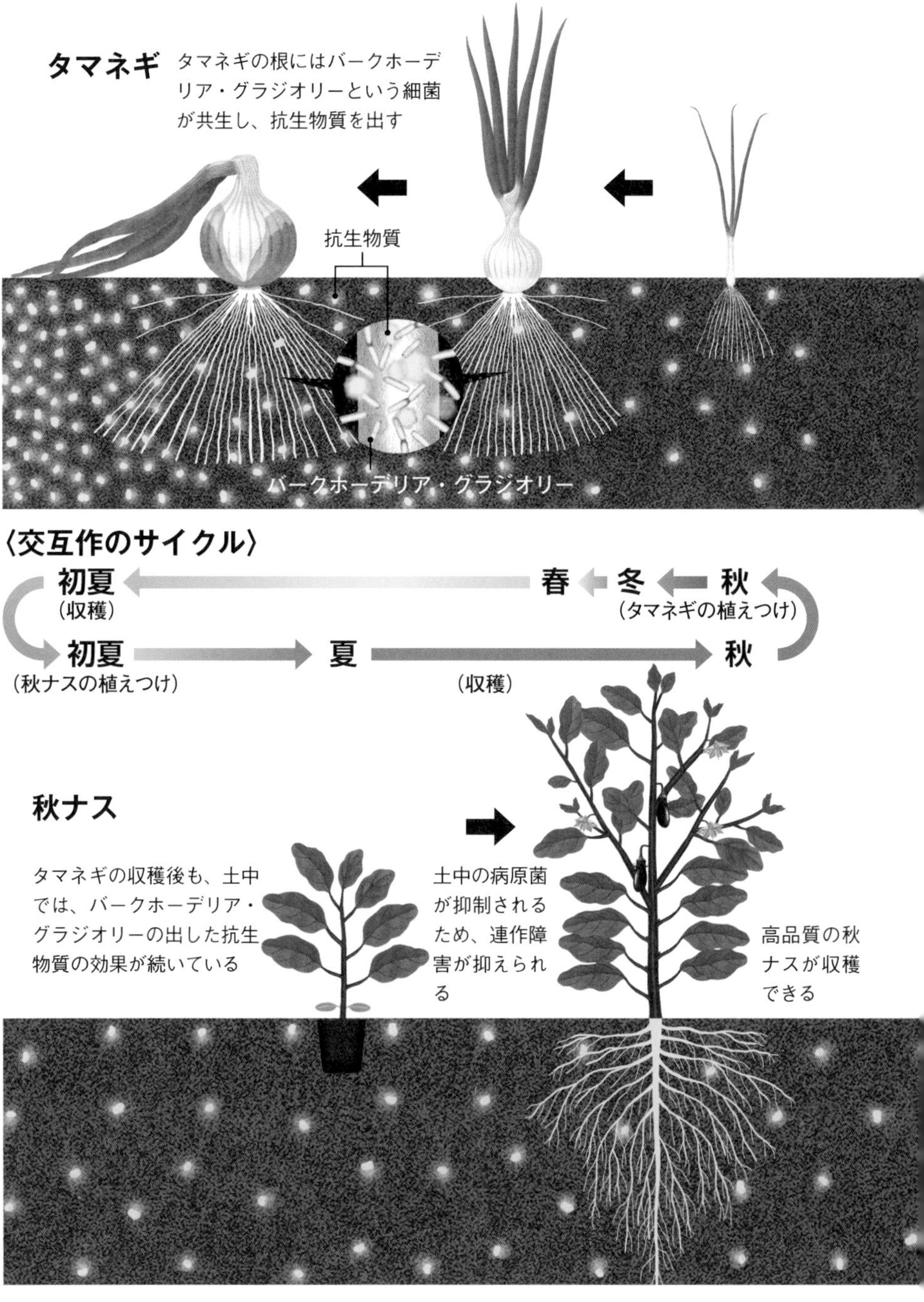

病害虫を抑える予防

高畝《たかうね》にして、水はけをよくする

この野菜に効く！

ナス科など

青《あお》枯《がれ》病《びょう》菌を侵入させない

青枯病はさまざまな植物に感染しますが、野菜づくりで問題になるのはナス科。その中でも特にナスでしょう。青枯病菌は、土に含まれる水分の中を泳いで移動します。そのため、前年にナスを作ったことで土に青枯病菌が潜んでいる畑では、ナスの苗を植えると、根のまわりに青枯病菌が集まってきて、増殖します。

根から入り込んだ青枯病菌は、内部で増殖し、徐々に茎や枝へと広がっていきます。その結果、茎や葉に養水分が行き渡らなくなり、葉がしおれ、最後には枯れてしまいます。さらに、地中を泳ぐ病原菌により、周囲の株へ感染が広がっていきます。

青枯病菌は、過湿状態なら数年にわたり生き続けることができますが、乾燥状態が苦手で、乾燥土壌なら数日～10日ほどで急激に密度が低下、あるいは死滅します。そのため、高畝をつくって水はけをよくし、土が過湿状態にならないようにすれば、苗への感染を防げます。

また、接《つ》ぎ木苗（76ページ）の中には、青枯病への抵抗性を持ったものもあるので、接ぎ木苗の使用との合わせ技がより効果的です。

どうする？

高畝を立てる

粘質土など畑の土質によっては、鍬で高い畝を立てるのが難しいことがある。そのような場合、スコップを使って土を盛り上げ、鍬やレーキで形を整えるとよい。

地中深くで生き残っている青枯病菌は、土に含まれる水の中を泳いで移動するが、根のまわりの土は乾燥しているため、根に近づくことができない

ナスなど

病害虫を抑える予防

接《つ》ぎ木苗を利用する

病気への抵抗性を高める

ナスをはじめとした夏野菜の苗では、「接ぎ木苗」も販売されています。ナスの青枯病など、連作によって起こりやすい病気は、多くの場合、根から病原菌が侵入して発病します。

接ぎ木苗は、根（台木）の部分に、特定の病気への抵抗性（病気に感染しないか、感染しても発病しない）を持つ品種を使っているため、病気を防げます。

また、台木に使われる品種は生育旺盛なため、根の張りがよくなり、乾燥などの悪条件にも強くなって、収量も増えます。

ただし、台木の種類により、抵抗性を持つ病気の種類が異なるので、購入時にしっかり確認しましょう。

トマトや、ウリ科のキュウリ、スイカの場合も、連作する場合は接ぎ木苗が有効です。

この野菜に効く！

トマト、ナス、キュウリ、スイカなど

ウリ科野菜の接ぎ木苗は…

キュウリの接ぎ木苗には、表面に白い粉(ブルーム)がつかない実を収穫するため、ブルームレス台木に接いだものがあり、病気への抵抗性がないものもあるので注意する。

どうする？

接ぎ木部分を土に埋めない

接ぎ木苗では深植えしたり、株元に土寄せしたりしないよう注意。接ぎ木部分に土がかかると、上に接がれた「穂木」から根が伸び、病気予防にならない。

穂木

味のよい品種が使われる。市販苗にはこちらの品種名が表記されている。

台木

病気への抵抗性を持った品種が使われる。

自根苗

地上部に養水分が行き渡らず、しおれたり、枯れたりする。

青枯病にかかった維管束

こうなる！

接ぎ木苗

病原菌が広がらない

青枯病菌の場合、一部の病原菌は台木の根から細胞内に侵入するが、そこから先へは感染が広がりにくく、病気の発生が抑制される。

旺盛に育つ

台木に使われる品種は、生育が旺盛。根がよく張るため、自根苗と比べ、株全体が強健に育つ。

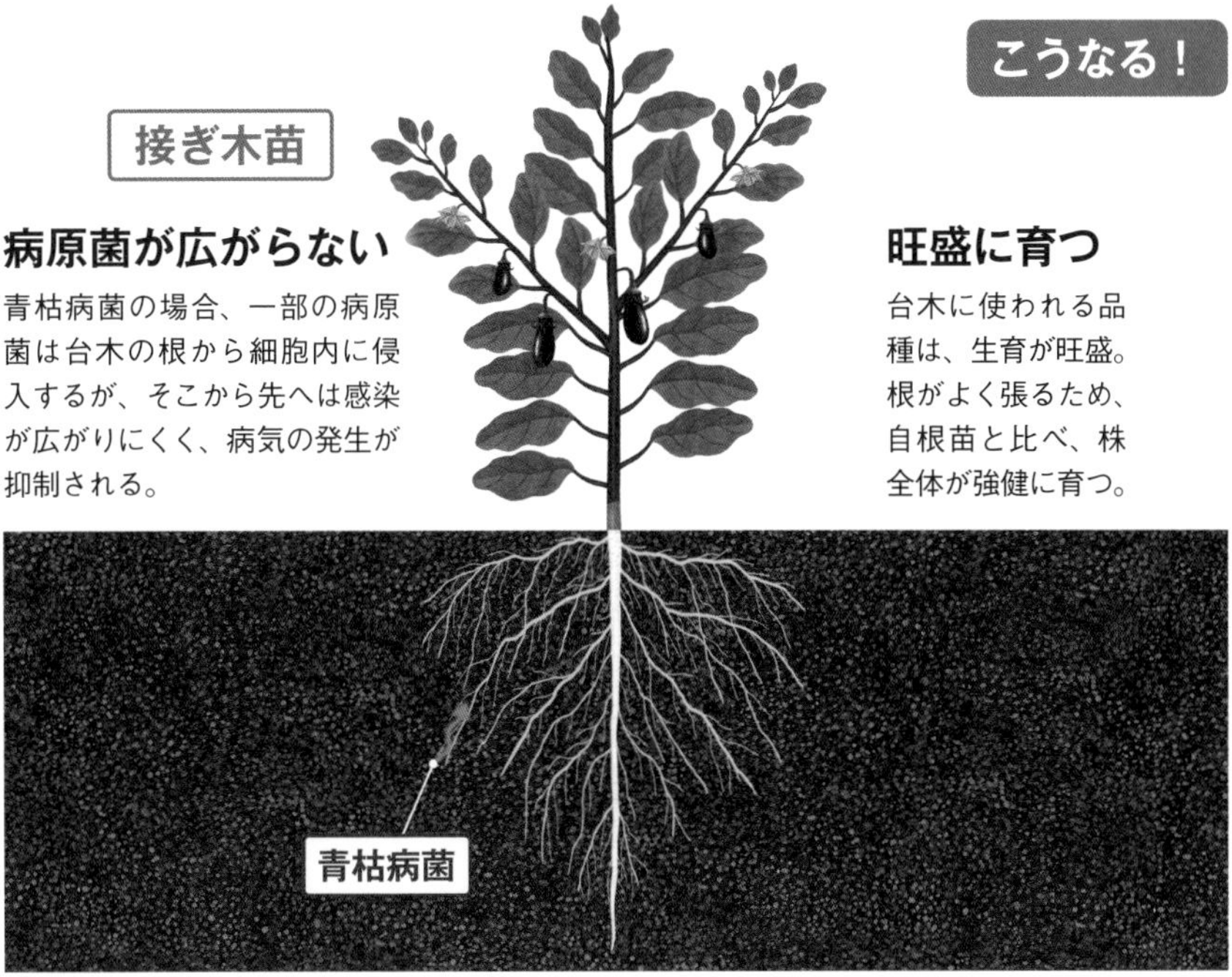

ナス、オクラ
など

環境を整える予防

落ち葉床で根を深く伸ばす

この野菜に効く！

ナス、オクラなど

地中深くには病害虫が少ない

「落ち葉床」は、土づくりの伝統的な技法で、地中に落ち葉を入れて踏み込み、埋め戻すというものです。土を肥沃にして水はけをよくし、保水力や保肥力を高めるほか、連作障害を防ぐ効果があります。

連作障害を起こす病原菌や悪玉線虫の多くは地表近くに生息し、地中深くにはほぼいません。落ち葉床により、野菜は根を地中深くまで伸ばせるようになり、病害虫被害を受けにくくなります。たとえ地表近くの根から病原菌や線虫が侵入してきても、主要な根は深く伸び、健全に育っているため、発病しなかったり、被害が小さくすんだりします。とくに根深タイプのナスやオクラは生育旺盛になり、効果的です。

落ち葉床のつくり方

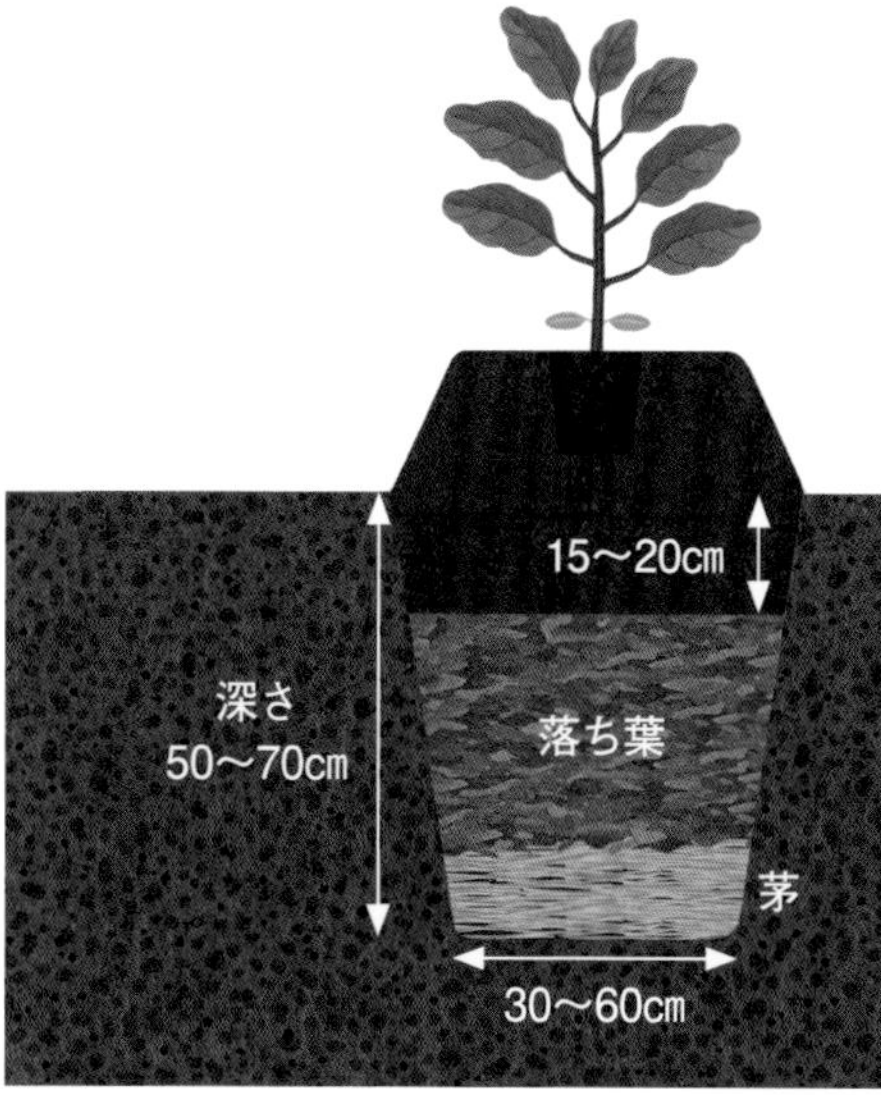

❶穴を掘って茅《かや》を敷く

ショベルなどで穴を掘る。穴のいちばん下に茅(チガヤ、スゲ、ススキなど)を5〜10cm程度敷く。茅の入手が困難なら、籾殻で代用可

❷落ち葉を入れる

落ち葉を地表から15〜20cmまで入れる。足でよく踏み固めたあと、土を埋め戻し、その上に畝を立てる。茅、落ち葉ともにカラカラによく乾いたものを用いる。生の状態では地中で腐敗が起こり、逆に野菜の生育が悪くなる

❸野菜の根が深くまで伸びる

土壌が改善され、野菜は地中深くまで根を伸ばせるようになる。とくに根を深くまで伸ばすナスやオクラなどに向く。落ち葉はゆっくりと分解され、野菜に養分として吸収される。効果は5年ほど続く

キュウリなど

病害虫を抑える予防

ネギといっしょに植える

この野菜に効く！

キュウリ、ゴーヤー、カボチャ、メロンなどのウリ科

つる割《われ》病《びょう》菌を殺菌する

つる割病は、キュウリをはじめとするウリ科における典型的な連作障害です。昔から栃木県のユウガオ農家の間では、ユウガオ（ウリ科）の株元に長ネギを混植すると、つる割病の発生が抑えられることが知られていました。調査した結果、長ネギなど、ネギの仲間の根に共生する「バークホーデリア・グラジオリー」という善玉菌が抗生物質を分泌し、つる割病菌を死滅させていることがわかりました（61ページ）。

この伝承技術を応用したのが、長ネギとの混植です。植え穴を掘ったら、先に長ネギの苗を置き、長ネギの根と接するように、キュウリ苗を置くのがコツです。キュウリも長ネギも、根を浅い位置に伸ばし、根域が近いため、たがいの根が絡み合うように生長し、殺菌効果が高まります。

❶長ネギの根を広げる

キュウリの苗の根鉢より、ひと回り大きな植え穴を掘る。長ネギの苗を植え穴の左右に置き、根を穴底に広げる

❷キュウリを植えつける

キュウリの苗をポリポットから抜き、根鉢を植え穴の中央に置く。長ネギの根と、キュウリの根を接触させるのがコツ。最後に隙間を土で埋める

つる割病菌が減る

長ネギの根に共生するバークホーデリア・グラジオリーは、抗生物質の一種を分泌。根のまわりのつる割病菌が死滅する。

スイカは育苗時から混植する

畑に植えるときは根鉢を崩さず、混植したまま植えつける

スイカの苗は、根の生長が早いため、畑への植えつけ時に長ネギをいっしょに植えても、長ネギの根の生育が追いつかず、十分な効果が得られない。そのため鉢上げ時から混植しておくと効果的。セルトレーなどに種をまいたら、本葉0.5枚程度で3号ポリポットに鉢上げする。このときに、長ネギの苗をいっしょに植え、ポット内で根が絡み合うように育てる。

キュウリなど

病害虫を抑える予防

マリーゴールドを育てる

悪玉線虫を減らす

ネコブセンチュウやネグサレセンチュウなど野菜に寄生する悪玉線虫の被害も、代表的な連作障害の一つです。

線虫は、個体数が少なければ大きな被害は出ません。しかし、個体数が増えて野菜の根に大量に寄生するようになると、根の機能が低下し、野菜の生育を阻害します。

ネコブセンチュウはキュウリやスイカなどのウリ科、インゲンなどのマメ科、トマト、ナスなどのナス科、オクラ、ニンジンなどの根に寄生し、こぶ状の組織をつくって根の働きを妨げ、ひどくなると枯死させます。

ネグサレセンチュウもさまざまな種類の野菜に寄生し、細根を腐敗させ、生長を悪くします。ダイコンやニンジン、ゴボウなどでは肌を汚くし、品質を落とします。

マリーゴールドは根から出す物質の働きで、これらの悪玉線虫の個体数を減らします。とくにネグサレセンチュウに効果的です。春から夏の間にマリーゴールドを育てたあと、刈って緑肥として鋤き込み、ダイコン、ニンジンなどを育てます。

この野菜に効く！

ナス科、ウリ科、マメ科、オクラ、ニンジンなど

マリーゴールドの場合

野菜の前作に育てる場合は、草丈が大きく根が張るアフリカンマリーゴールドが便利。「マリーゴールド→ダイコン・ニンジン→マリーゴールド」というように、交互に育ててもよい

野菜と混植する場合は、草丈の低いフレンチマリーゴールドが扱いやすい

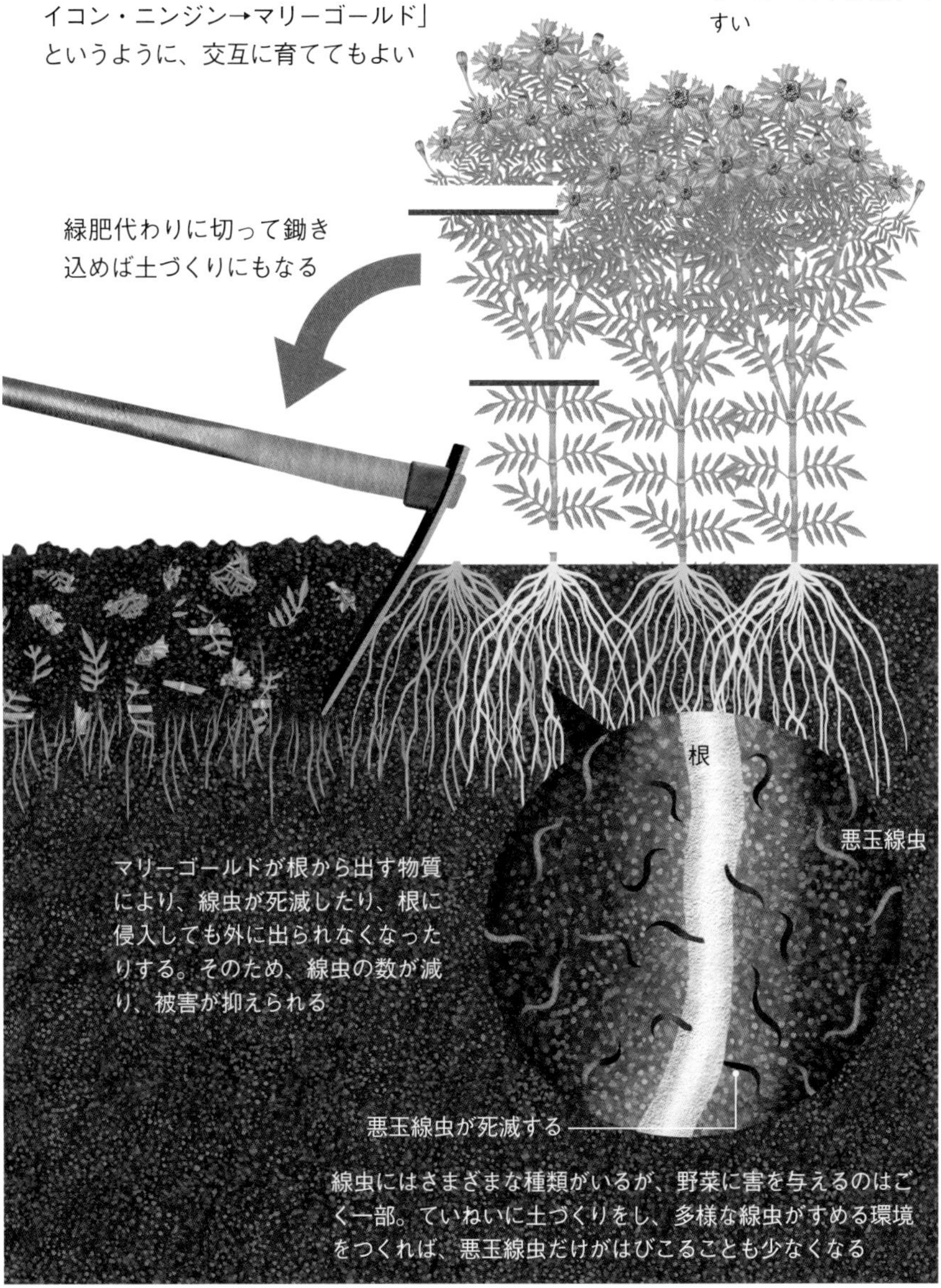

病害虫を抑える予防

植えつけ前に稲わらを敷く

この野菜に効く！

キュウリ、スイカ、メロンなどのウリ科

疫病・つる枯病《がれびょう》を予防

キュウリの連作により発生しやすい病気に、疫病やつる枯病があります。その病原菌は地中に潜むカビの一種で、梅雨時など水分が多い時季に活動が活発になります（26ページ）。

どちらの病気も、雨による泥跳ねで、病原菌が葉に付着することで引き起こされます。そのため、泥跳ねを防ぐマルチが有効です。

ビニールマルチを使う方法もありますが、このとき、マルチに稲わらを利用すると、病原菌そのものを減らすことができます。さらに稲わらの上に米ぬかをまき、木酢液をかけると、酸性の環境を好む「トリコデルマ」（ツチアオカビ）という善玉菌が増殖し始めます。

トリコデルマは、セルラーゼという酵素を分泌し、稲わらに含まれるセルロースを分解します。じつは疫病菌もつる枯病菌も、細胞膜はセルロースでできています。

そのため、セルラーゼによって分解されて、菌の数が大幅に減るため、病気の発生を防ぐことができます。

どうする？

❶稲わらを敷く

苗の植えつけの2週間前に、畝の上に稲わらを敷く。厚く敷きすぎると雨水がしみこみにくくなり、キュウリの根が地表近くに伸びてしまうため、隙間から下の土が見える程度の厚さで。わらは、畝と同じ向きに並べる

❷米ぬかを軽くまく

稲わらの上から、米ぬかを1㎡当たり100～200gまく。米ぬかを養分にして、トリコデルマがふえやすくなる

❸木酢液をまく

木酢液を水で200倍に薄め、じょうろなどで、わらの上にかける。わらが酸性になるため、酸性を好むトリコデルマがふえる

❹苗を植えつける

❶～❸の2週間後、敷きわらをずらして畝の上に植え穴を掘り、キュウリの苗を植えつける。植えつけ後、ふたたび敷きわらを戻し、株元を覆う

こうなる！

トリコデルマがふえる

稲わらで、トリコデルマが増殖し始める。稲わらの下の土に青いカビが広がっていたら、トリコデルマがふえてきた証拠。

病原菌が減る

トリコデルマが分泌するセルラーゼでセルロースでできた疫病菌や、つる枯病菌の細胞膜も溶かされ、病原菌も減る。

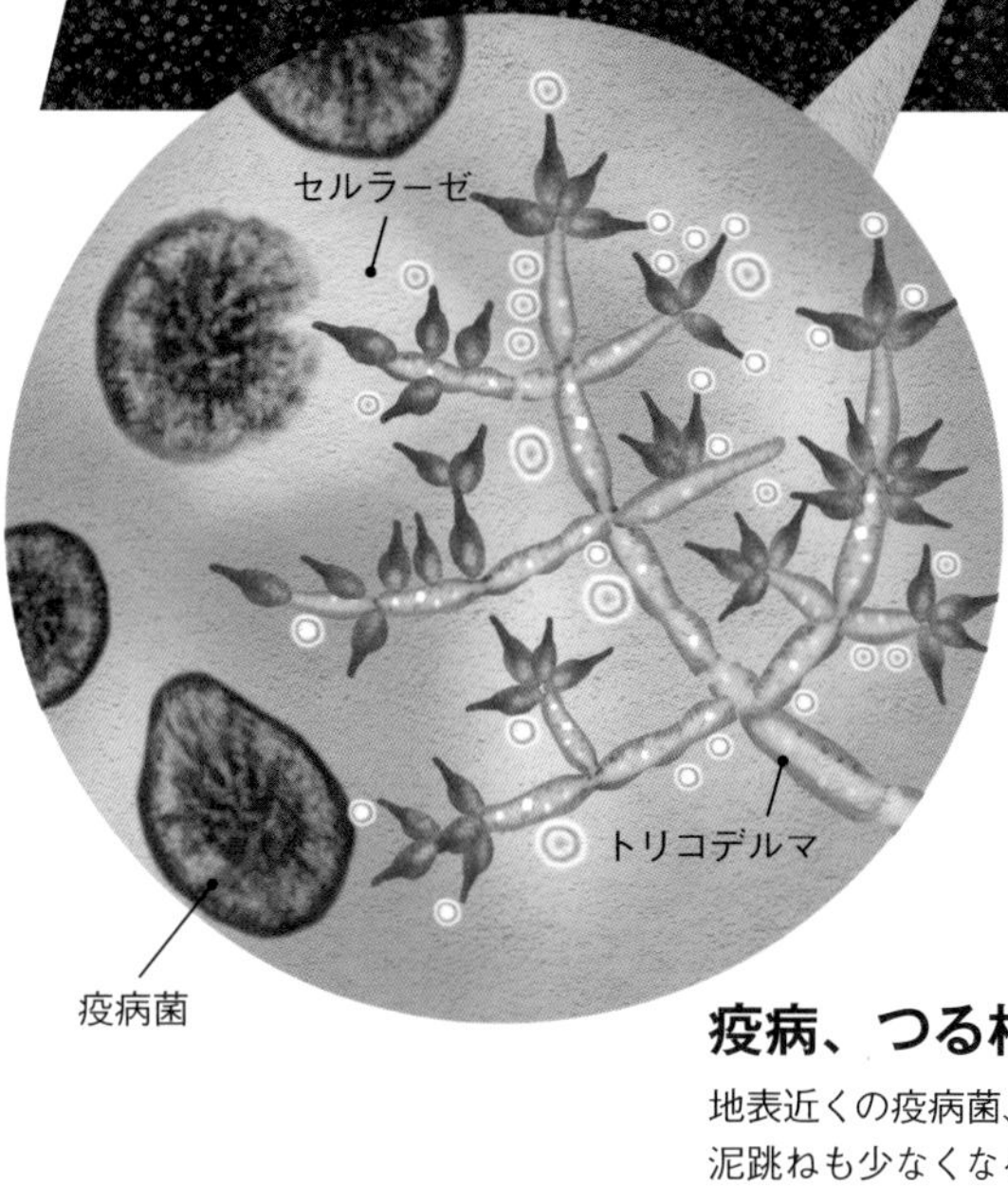

疫病、つる枯病が発生しなくなる

地表近くの疫病菌、つる枯病菌が激減。稲わらにより、泥跳ねも少なくなるので、病気の感染が抑えられる。

病害虫を抑える予防

病気に強い苗をつくる

この野菜に効く！
ウリ科、ナス科、アブラナ科、マメ科など

病気への抵抗性を持続させる

育苗用にキュウリの種をまくと、双葉が展開し、本葉が生えてきます。この直後、苗を根元から切って挿し木すると、丈夫に育つことが知られています（胚軸切断挿し木法）。苗の切り口から微生物が侵入すると、それが刺激となり、病害虫への抵抗性が高まるからです。

通常、挿し木には病原菌がいない清浄な用土を使用しますが、この場合は、あえて前年に同じ野菜を育てた畑の用土を使います。

キュウリを育てた畑の土は、つる割病菌など病原菌がふえています。挿し木すると、病原菌の侵入により2～3割の苗は枯れてしまいますが、残った7～8割の苗はいわば「ワクチン接種」した状態で、病気への抵抗性を獲得しています。苗の抵抗性は、栽培終了まで持続します。

胚軸切断《はいじくせつだん》挿《さ》し木《き》法

この方法は胚軸切断挿し木法と呼ばれるもので、さまざまな野菜に応用できる。野菜の種類ごとに、胚軸を切って挿し木するタイミングが異なるので注意。

ナス科	本葉1.5～2枚	**アブラナ科**	本葉1.5～3枚
ウリ科	本葉0.5枚	**マメ科**	本葉1.5枚

どうする？

❶胚軸を切る

種を播種箱などに条まきする(この時点では、用土は市販の種まき用培養土などを使用)。キュウリの場合、1枚めの本葉が開き始めたら、はさみなどで胚軸を地際から切って、挿し穂とする

キュウリは育苗期間が1か月と短めなので、初めて育苗する場合でも挑戦しやすい

❷吸水させる

挿し穂にたっぷりと吸水させるため、2～3時間水につける

❸ポリポットに挿す

前年、キュウリを育てた畑の土を集め、ポリポットに入れたあと、❷の吸水させた挿し穂を1本ずつポリポットに挿す

こうなる！

抵抗性が獲得される

侵入してきた病原菌に打ち勝った苗は、抵抗性を獲得する。また、善玉菌が入ってきて、共生する場合もある。

胚軸の切断部分から根が生え、大きく育っていく

抵抗性を持った苗が生き残る

病原菌の侵入により、2～3割程度の苗は途中で枯れてしまう。一方、残った苗は、畑に植えつけたあとも、病気にかからず、強健に育つ。

病害虫を抑える予防
エダマメは苗を移植

生育初期の感染を防ぐ

マメ科植物の根には、根粒菌が共生しています。根粒菌は、空気中の窒素を固定し、養分として植物に供給します。根にできた根粒内には、根粒菌の集めた窒素分が含まれており、マメ科を育てたあとの畑は、窒素分が増えて肥沃になります。その結果、野菜の育ちがよくなるものの、病原菌の中にも、肥沃な土を好むものがいます。黒《くろ》根《ね》腐《ぐされ》病《びょう》菌もその一つです。

黒根腐病菌はカビの一種で、多湿条件で活動が活発になり、エダマメには、種まきから生育初期のあいだに感染します。逆に言えば、条件と時期が整わなければ、菌は感染しません。

そのため、育苗して本葉2枚程度まで育ててから植えつければ安心です。じかまきの場合は、土が乾いているときを選びます。

前作にエダマメを育てていると

土が肥沃になる

根粒は、老化すると根から剥落し、地中で分解される。エダマメを1回育てれば、10a当たり5kgもの窒素分が土に供給される。

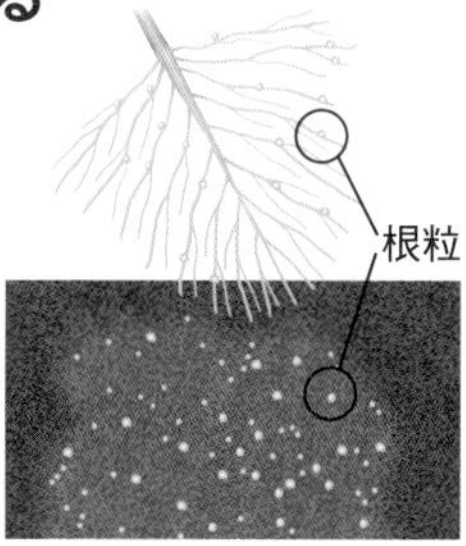

黒根腐病が発生しやすい

地中の残渣などに潜んでいた黒根腐病菌は、肥沃で、水分が多い状態で活動が活発になる。感染すると、根や株元に赤褐色の条斑が生じ、しだいに根や茎を覆い、全体が赤褐色となる。開花を過ぎた頃から葉が黄色くなり、しおれて急速に生育が悪くなる。

どうする?

じかまきする場合

土の表面が乾き、下の方が適度に湿った状態で種をまくとよい(雨降りの3日後が目安)。1穴に3粒まいたら、覆土して、足で踏んで土と種とを密着させる。過湿にならないよう、水やりはしない。

3粒まくと、水分競合が起こるため、土が過湿状態になりにくく、黒根腐病菌にも感染しにくくなる。すべて発芽したら、1株を間引いて2株で育てる

育苗して植えつける

セルトレーやポリポットに種まきし、本葉2枚程度まで育てる。

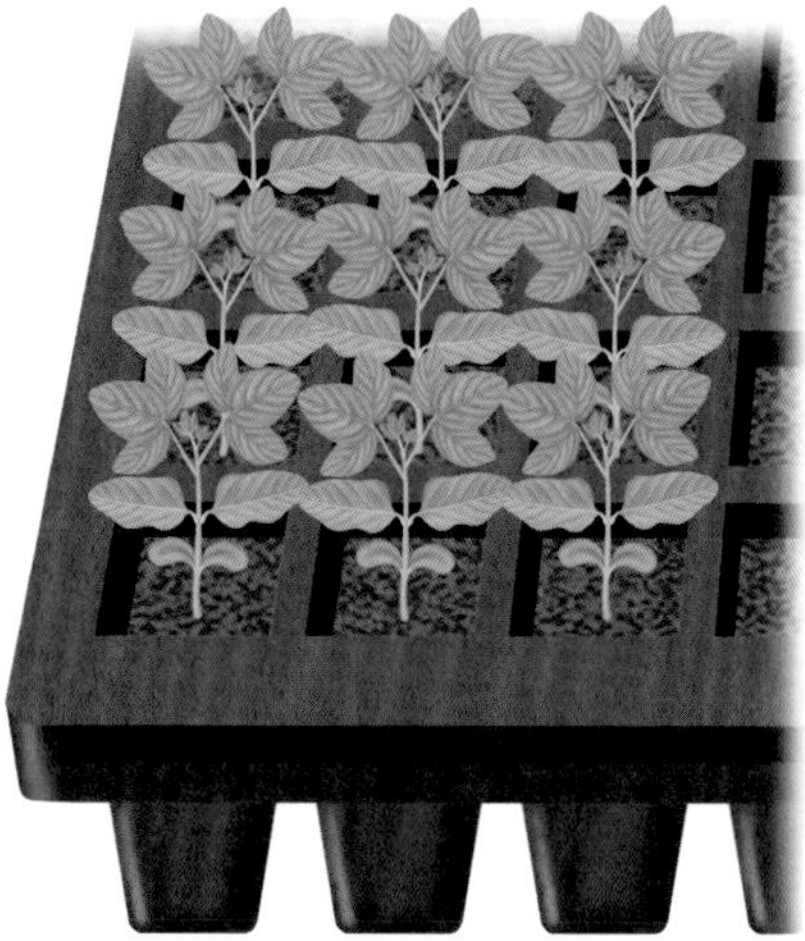

エンドウ

環境を整える予防

雑草が生育を助ける

この野菜に効く!

エンドウ、ソラマメ、サトイモなど

生育阻害物質を減らす

連作障害による生育不良は、病害虫ではなく、野菜の根から分泌される「生育阻害物質」によって引き起こされることもあります。エンドウは、生育阻害物質を出すことで知られる代表的な野菜。生育阻害物質は何年にもわたって土中に残り、エンドウ自身の生育を悪くします。

しかし、そんなエンドウを自然に生えてくる草といっしょに育てると、連作しても生育は悪くなりません。草により、エンドウの出す生育阻害物質が吸収されたり、土壌微生物がふえて生育阻害物質が分解されたりするからと考えられています。

エンドウの種まきの時期に、緑肥のエンバクなどを畝一面にまき、草の代わりに生やす方法もあります。うどんこ病の発生も少なくなります。

エンドウとエンバクの混植

伸びてきたら刈る

自然に生えてきた草は、草丈が高くならないよう、伸びてきたら株元10㎝程度の高さで刈り込む。株元の周囲に生える草だけ取り除いてもよい。

環境を整える予防

エンドウ→インゲンのリレー栽培

マメ科でも連作できる

　エンドウは、根から「生育阻害物質」を出すことが知られています。そして、その物質が地中に蓄積していくことで、生育が悪くなります（90ページ）。

　連作障害を考える場合、同じ種類の野菜だけでなく、同じ科にも注意が必要で、マメ科→マメ科という連作も一般的にはタブーとされます。

　ところがインゲンは、同じマメ科でもエンドウとは代謝系が異なるため、エンドウの生育阻害物質の影響をあまり受けません。つまり、エンドウ→インゲンの連作は可能なのです。

　ちなみに、インゲン自体は、ネコブセンチュウの被害を除けば、連作に強い野菜です。年に3回収穫できるところから「三度豆」とも呼ばれ、種まきできる期間も4月中旬から8月中旬までと長いのが特徴です。

　それだけでなく、生育途中の株元に種をまき、インゲン→インゲンという連作も可能です。最初の株の収穫が終わった頃に、次の株から収穫ができるようになるので、長期間インゲンを楽しめます。

エンドウ→インゲン→インゲンの連作

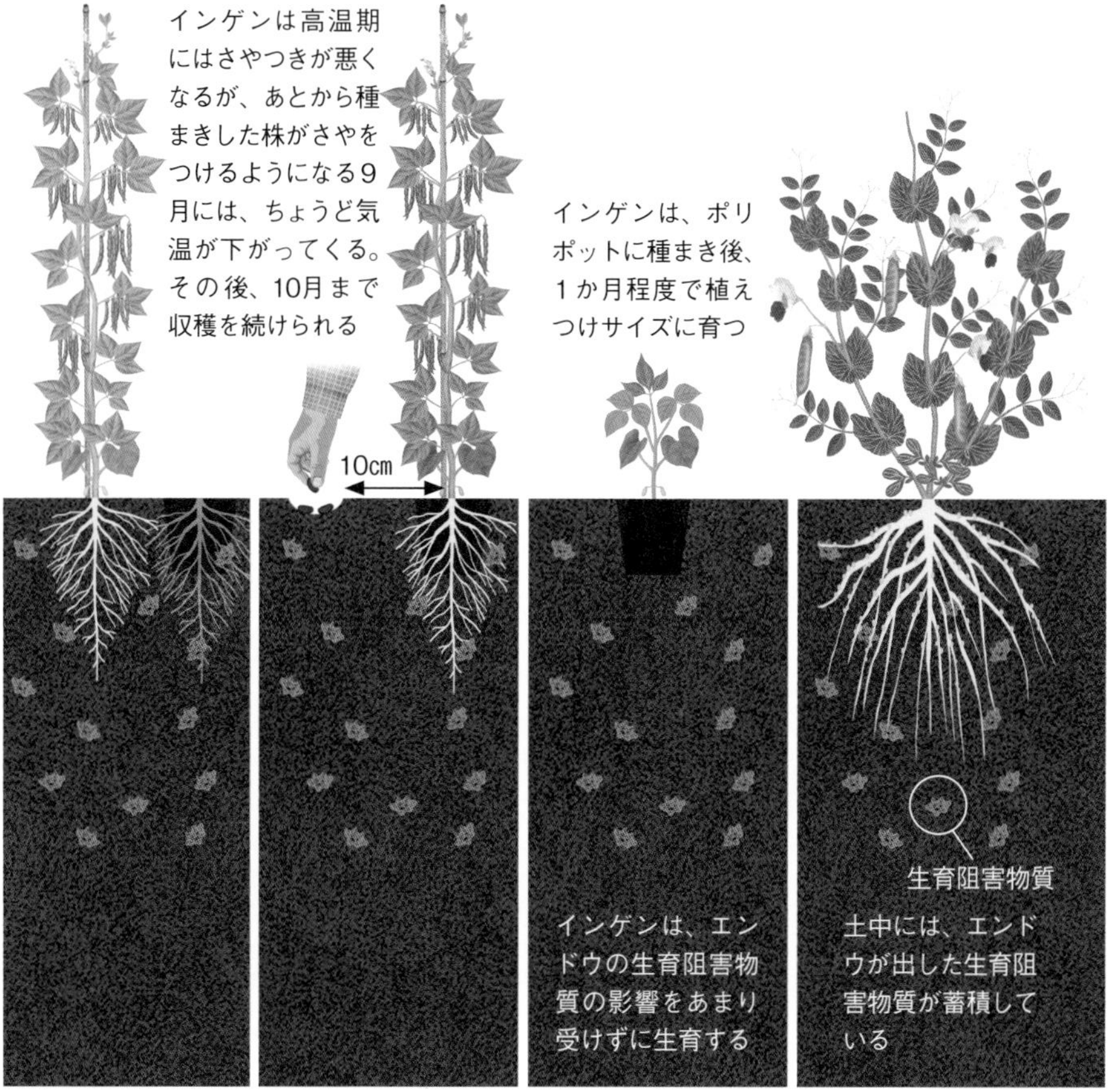

5～6月

エンドウの収穫

エンドウの収穫を終えたら、株を抜き取る。支柱はそのまま利用するので、抜かずに残しておく。

6月

インゲンの植えつけ

インゲンの栽培スタートは、エンドウの収穫終了後。インゲンの収穫までの時間を短縮するには、あらかじめ、育苗しておくとよい。

7月

インゲンの収穫&種まき

苗で植えた株の先端が支柱の上部に達した頃、株元にインゲンの種をじかまきする。1穴に３粒まき、本葉１～２枚の頃、１株に間引く。

9月

インゲンの収穫（２回め）

最初に植えた株の収穫が終わる頃、じかまきした株から収穫が始められる。

コラム

やってみよう エンドウのエンドレス栽培

エンドウの連作障害は、90ページで触れたように、根から分泌される生育阻害物質によって引き起こされます。エンドウの収穫を終え、片づけたあとも生育阻害物質は長く残り、しばらく経ってから新たにエンドウを育てようとしても、極端な生育不良になります。この状態は4〜5年にわたって続きます。

しかし、不思議なのは、最初のエンドウは自分で生育阻害物質を出すにもかかわらず、なぜ育つことができたのか、ということです。

じつは、生育中のエンドウは生育阻害物質を分解する酵素を分泌しているため、その影響を受けません。しかし、エンドウの生育が終わり土の中にしばらく残ったまま放置されていると、生育阻害物質が分解酵素が働かない形に変化してしまうものと考えられます。

そこで、エンドウが終わる前に、次のエンドウの種をまいて、一年中エンドウを育て続けます。生育阻害物質が分解されやすい状態を保つため、連作は問題なく行えます。

科学的根拠はまだはっきりとしていませんが、経験的には再現性があり、連作技術の一つとして、すでに取り入れられています。

エンドウのエンドレス栽培カレンダー

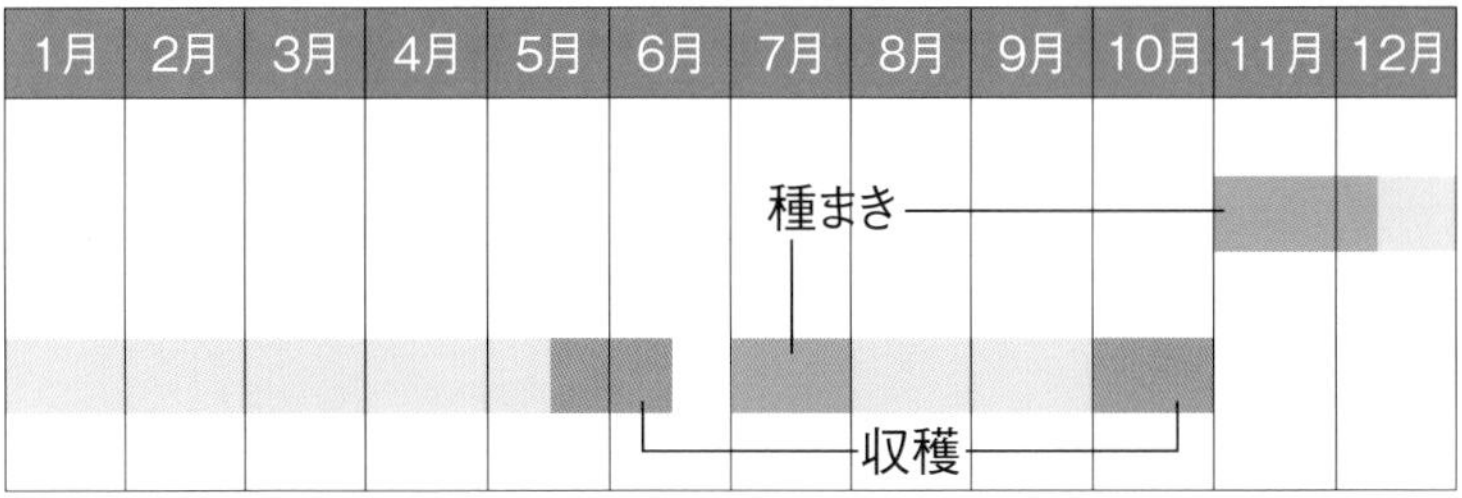

●栽培のコツ

・収穫が終わる前に株元から10㎝程度離して、次作のエンドウの種をまく。

・とくに夏は温度が高く、発芽しづらいので、株元の日陰になる場所にまく。8月末までは日よけ用の遮光ネットなどで、温度を下げてもよい。

・春まき(2月下旬～3月中旬播種→5月下旬～6月下旬収穫)を組み合わせてもよい。

連作障害を防ぐリレー栽培の組み合わせ

リレー栽培の組み合わせはほかにもあります。年間を通して畑をうまく利用できるので、菜園プランを考えるときの参考にしてください。

冬 ← 秋 ← 夏 ← 春

根の張りがよくなる

スイカもホウレンソウも、根を地中深くまで伸ばす野菜。根が枯れたあとには水分や空気の通り道ができ、深くまで耕したのと同じことになる。両者を交互に育てることで、それぞれがより深くまで根を伸ばせるようになり、生育がよくなる。

ホウレンソウ ← **スイカ**

スイカの収穫後、種をまく。収穫したら、翌春もまたスイカを植える

5月中旬に畑に苗を植え、8月に収穫する

ネキリムシ被害が減る

ネキリムシはカブラヤガなどの幼虫。カブラヤガはさまざまな野菜の株元近くに産卵するが、トマトにはあまり産卵しない。トマトを栽培した場所ではネキリムシが少なくなり、葉菜類の被害が減る。

葉物野菜 ← **トマト**

9月上旬に種まき。チンゲンサイ、コマツナ、ミズナなど葉菜類全般に向く。翌春、ふたたびトマトを植える

5月上旬に苗を植え、8月中旬ごろまで収穫。収穫後に畑を耕す

土が肥沃になる

エダマメと根粒菌は共生関係にあり、根粒菌は空気中の窒素を固定し、エダマメの生育を助ける。地中の窒素量がふえるため、畑が肥沃になる。その結果、ハクサイの初期生育がよくなり、大きく育つようになる。エダマメの残渣を鋤き込むとなおよい。

ハクサイ ← **エダマメ**

キャベツやブロッコリーでもよい。収穫後、春になったらふたたびエダマメを育てる

5月上旬～中旬に種をまき(育苗してもよい)、8月上旬までに収穫。根粒菌の働きで、土が肥沃になる

タマネギ・ニンニク＋果菜類のリレー栽培

ニラやタマネギと共生し抗生物質を出す微生物は、ネギ属の野菜の根に共生するので、タマネギやニンニクにも同様の効果が期待できます。これらの野菜を６月に収穫したあと、秋どりのトマトやナス、キュウリを植えるとよいでしょう。秋ナスのおいしさは言うまでもありませんが、夜温が下がってからのトマトは甘さやうまみが凝縮されています。夏から秋のキュウリも風味があり、とてもおいしいものです。

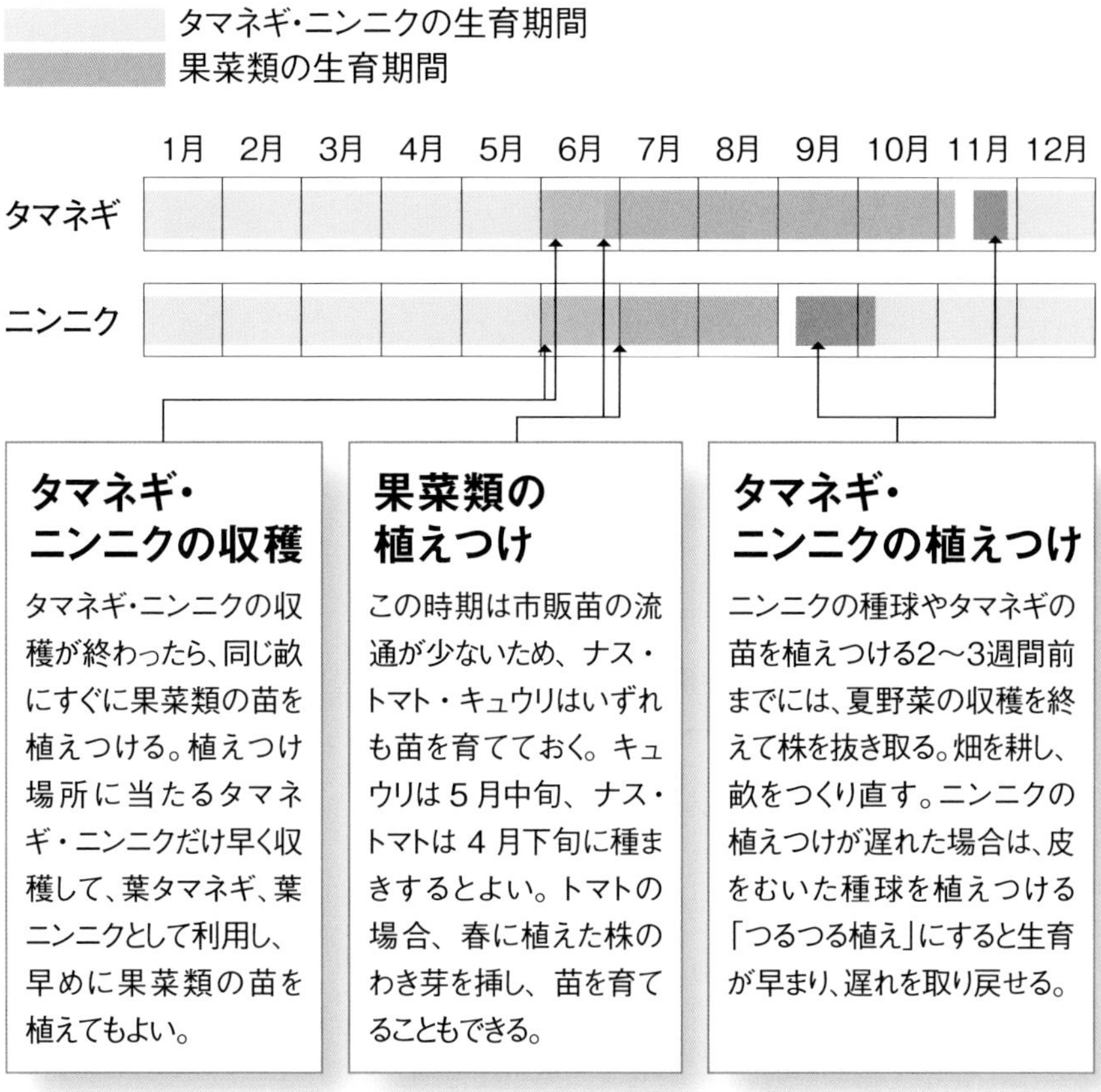

タマネギ・ニンニクの収穫

タマネギ・ニンニクの収穫が終わったら、同じ畝にすぐに果菜類の苗を植えつける。植えつけ場所に当たるタマネギ・ニンニクだけ早く収穫して、葉タマネギ、葉ニンニクとして利用し、早めに果菜類の苗を植えてもよい。

果菜類の植えつけ

この時期は市販苗の流通が少ないため、ナス・トマト・キュウリはいずれも苗を育てておく。キュウリは５月中旬、ナス・トマトは４月下旬に種まきするとよい。トマトの場合、春に植えた株のわき芽を挿し、苗を育てることもできる。

タマネギ・ニンニクの植えつけ

ニンニクの種球やタマネギの苗を植えつける2～3週間前までには、夏野菜の収穫を終えて株を抜き取る。畑を耕し、畝をつくり直す。ニンニクの植えつけが遅れた場合は、皮をむいた種球を植えつける「つるつる植え」にすると生育が早まり、遅れを取り戻せる。

環境を整える予防

雨よけ栽培で過湿を防ぐ

病原菌がいても発症させない

ホウレンソウは発芽から生育初期に病気が発生しやすく、枯れてしまうことがあります。失敗の原因の一つに、立枯病などの連作障害があります。

　立枯病は土壌中にいる病原菌によって引き起こされ、とくに雨が多い過湿状態のときに発生しやすくなります。逆に言えば、土の中に病原菌がいたとしても、過湿にならなければ、感染しなかったり、発病しても被害を小さく抑えたりすることができます。

　もっとも効果的なのは、ビニールトンネルによる雨よけ栽培です。降雨による過湿を防げるのはもちろん、感染の原因となる病原菌を含んだ畑の土の泥跳ねもなくなります。保温のためのトンネルではないので、両裾を上げて、高温になるのを防ぎ、風通しをよくして育てます。この方法であれば夏どりのホウレンソウ栽培も楽に行えます。

雨よけ栽培

トンネルの両裾を上げる

風通しをよくし、高温になるのを防ぐため、両側のビニールの裾は地面まで下ろさず、10cm程度隙間をあけておく。

通常栽培

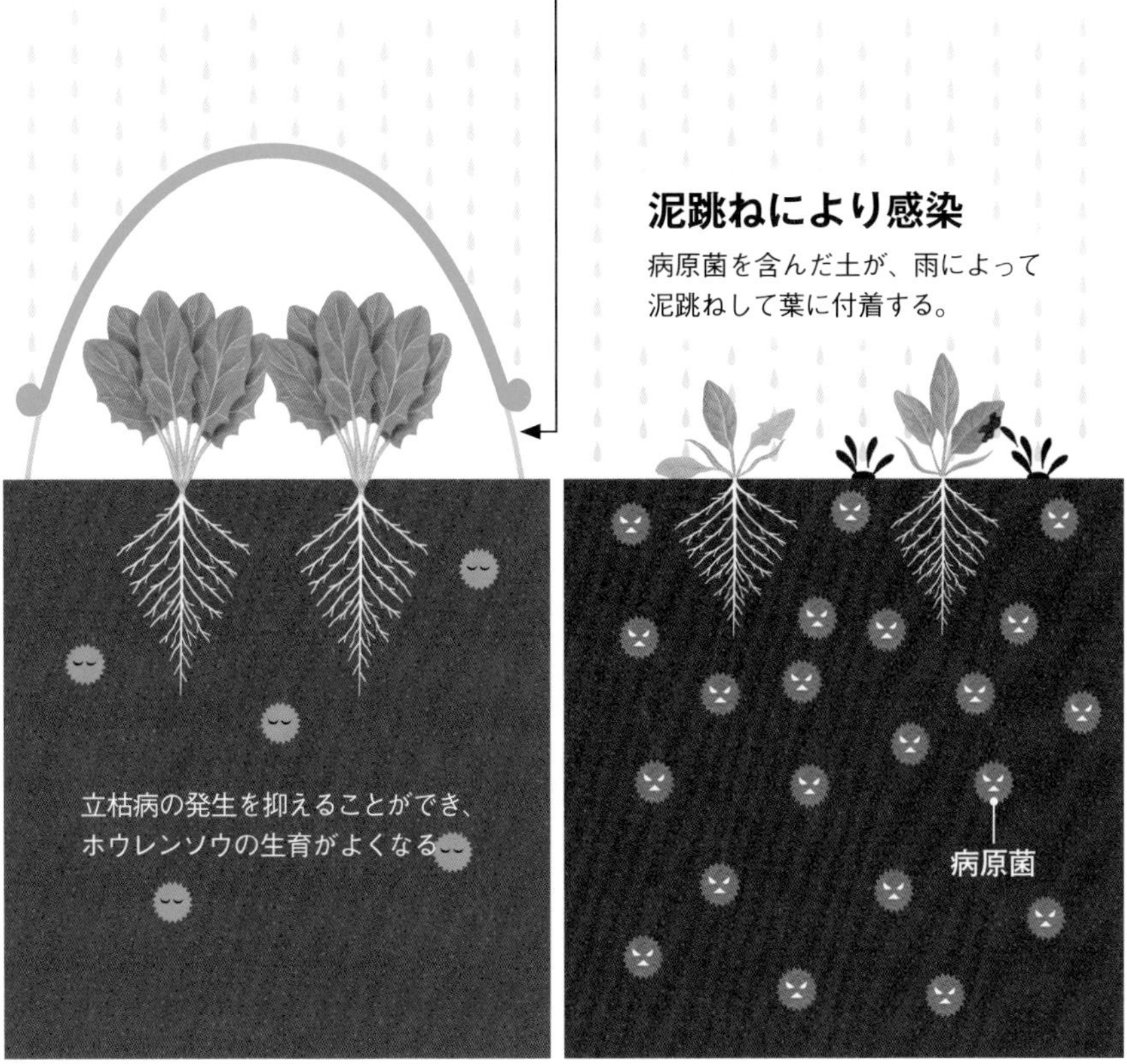

病原菌を抑制

過湿状態にならないので、土中に病原菌がいても活動が抑制され、ホウレンソウには感染しない。

病原菌が活性化

雨による過湿で、土の中の病原菌の活動が活発になる。高畝にするなど水はけの改善もたいせつ。

環境を整える予防

ゴロゴロ植えでそうか病を防ぐ

病原菌との接触を減らす

ジャガイモの連作障害として頻発するのが「そうか病」です。土壌中の細菌によって引き起こされ、イモの表面にかさぶたのような病斑ができ、品質が悪くなります。

近年のジャガイモ栽培では、黒マルチを利用した「ゴロゴロ植え」をする人が増えてきました。ジャガイモは茎が変化したもので、ゴロゴロ植えは浅植えのため、旺盛に育ちます。植えつけや収穫時の手間が少なく、土寄せも不要で、収量が増えるというメリットがありますが、そうか病を抑制する効果もあります。

ゴロゴロ植えでは種イモを超浅植えにするので、新しいイモも地表か地表近くにできます。そのため土壌中の病原菌との接触が少なくなり、病気が発生しにくくなるのです。

そうか病

土壌中の病原菌によって引き起こされる。病原菌は収穫後の土壌の中で何年も生きる。酸性の畑だと発生しにくいため、土をアルカリ性に傾ける石灰資材の使用を控えるのも予防には有効。また、病原菌は畑の粗大有機物の中で生き続けるので、未熟な堆肥は使わず、低栄養で育てるとよい。

ゴロゴロ植え

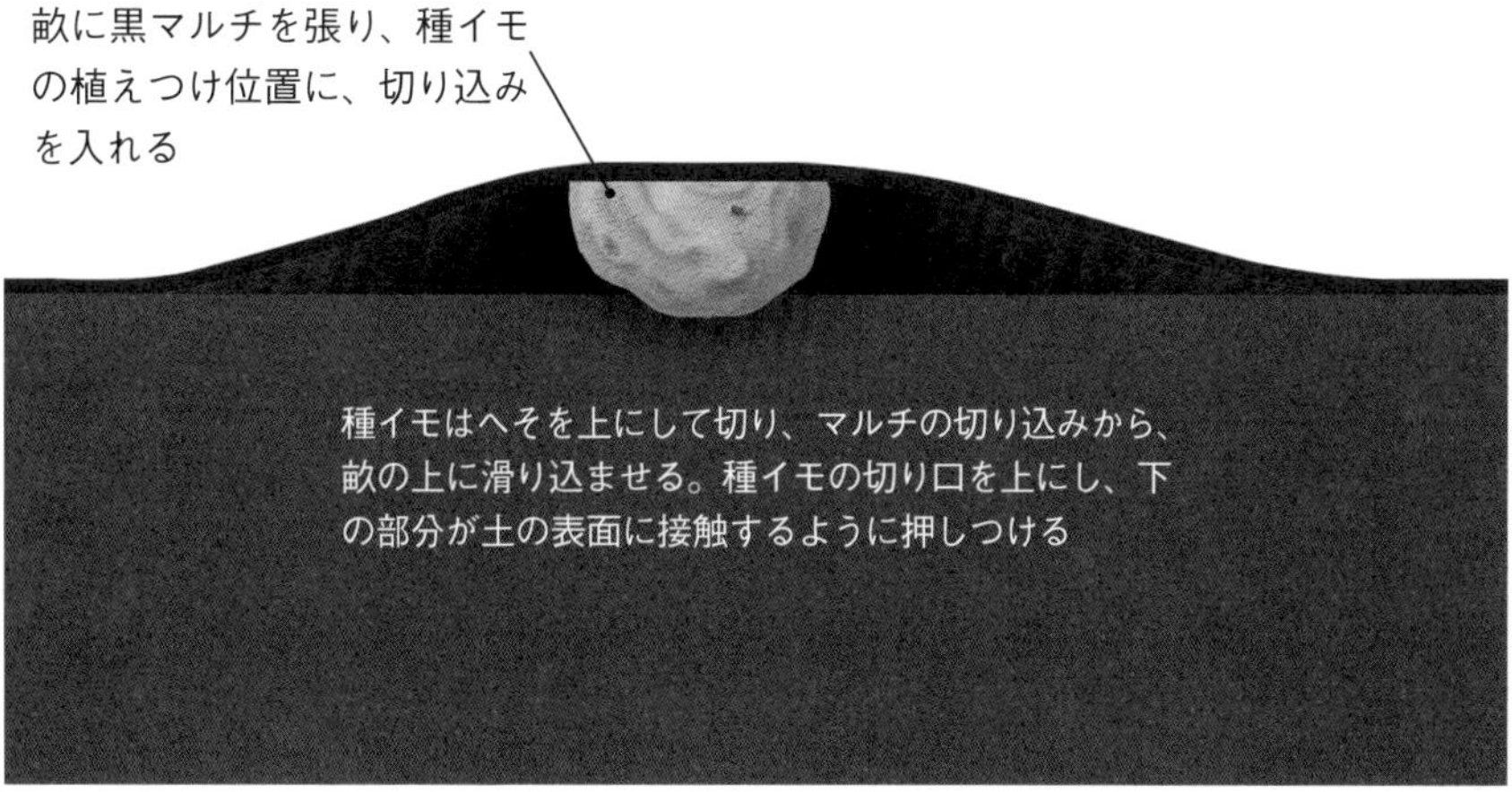
畝に黒マルチを張り、種イモの植えつけ位置に、切り込みを入れる
種イモはへそを上にして切り、マルチの切り込みから、畝の上に滑り込ませる。種イモの切り口を上にし、下の部分が土の表面に接触するように押しつける

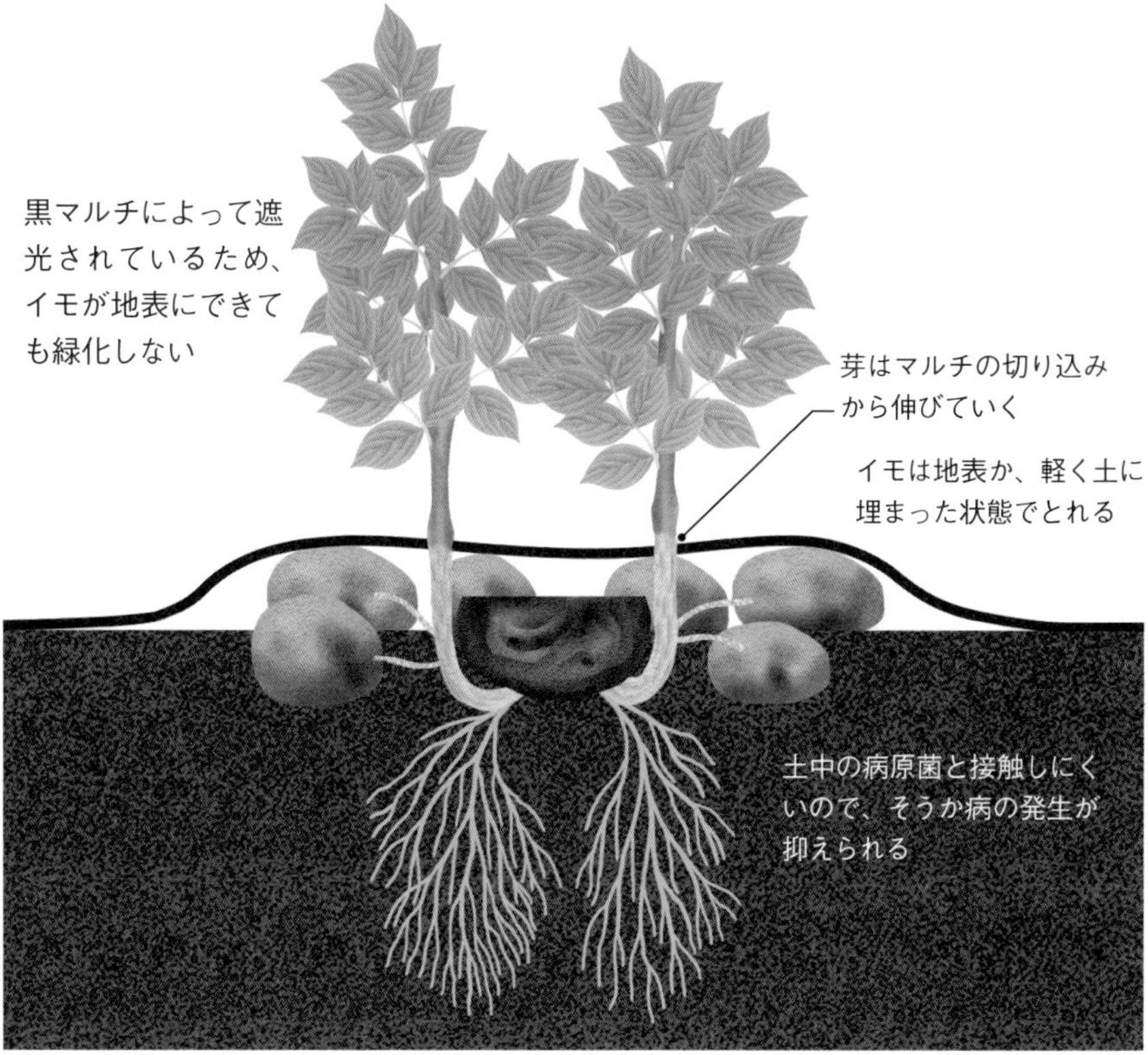
黒マルチによって遮光されているため、イモが地表にできても緑化しない
芽はマルチの切り込みから伸びていく
イモは地表か、軽く土に埋まった状態でとれる
土中の病原菌と接触しにくいので、そうか病の発生が抑えられる

サトイモ、ジャガイモなど

野菜を強くする対処

逆さ植えで抵抗性アップ

種イモに過度なストレスを

逆さ植えは、サトイモやジャガイモの種イモを逆さにし、芽を下に向けて植える方法です。

一般的な栽培では、生長しやすいよう芽を上に向けて種イモを植えつけます。一方、逆さ植えでは、芽は一度下に向かい、その後カーブするように地表へ伸びていきます。このときのストレスにより、病害虫にたいする抵抗性が高められ、その後の生育が旺盛になります。

サトイモの場合、子イモ、孫イモが地中の深い所につくので、土寄せが不要になる利点もあります。

なお、１００ページのジャガイモのゴロゴロ植えは、逆さ植えを応用したものです。地上に伸びていくのは強い芽なので、茎や葉の生育もよくなります。また、芽の数も自然に制限されるので、芽かきもいりません。

この野菜に効く！

サトイモ、ジャガイモなど

サトイモの場合

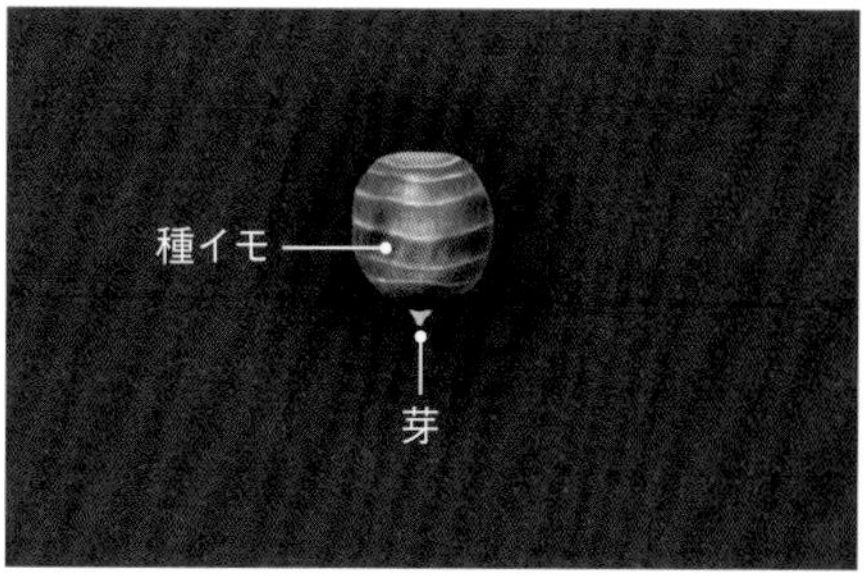

❶芽を下にして植えつける

種イモは、芽がついた側を下にして植えつける

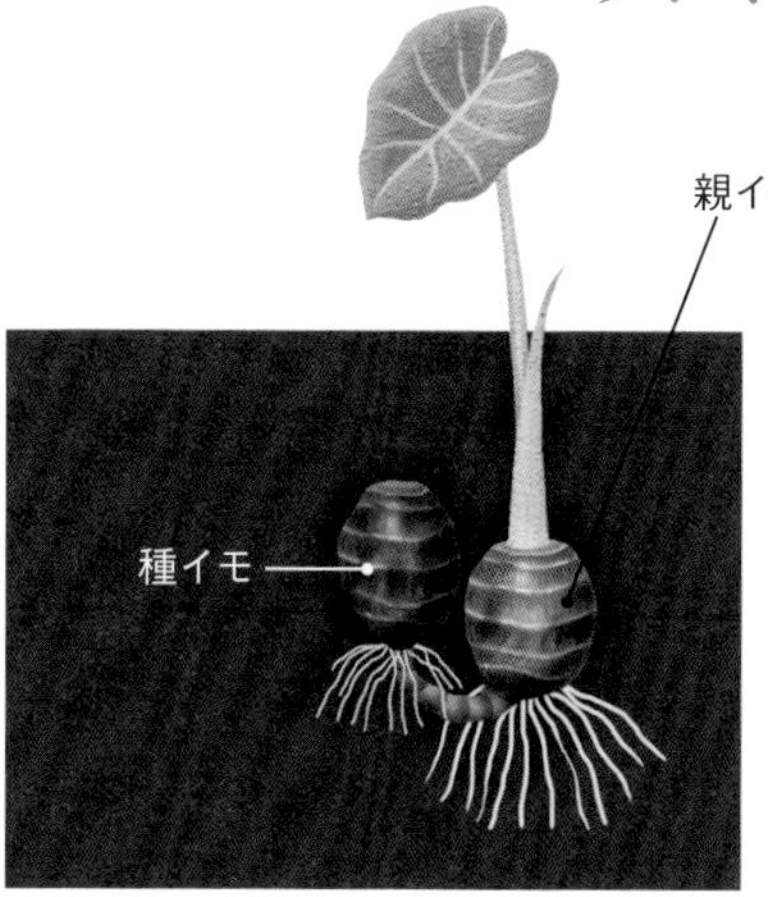

❷ストレスにより抵抗性が高まる

種イモから出た芽は、一度下を向き、そのあと曲がりながら上に向かって伸びる。このときのストレスにより、抵抗性が高められる。病害虫だけでなく、乾燥や高温にも強くなる

❸イモが深い位置にできる

地中の深い位置に親イモができ、子イモ、孫イモも深い所につく。そのため、土寄せを行わなくてもよくなる

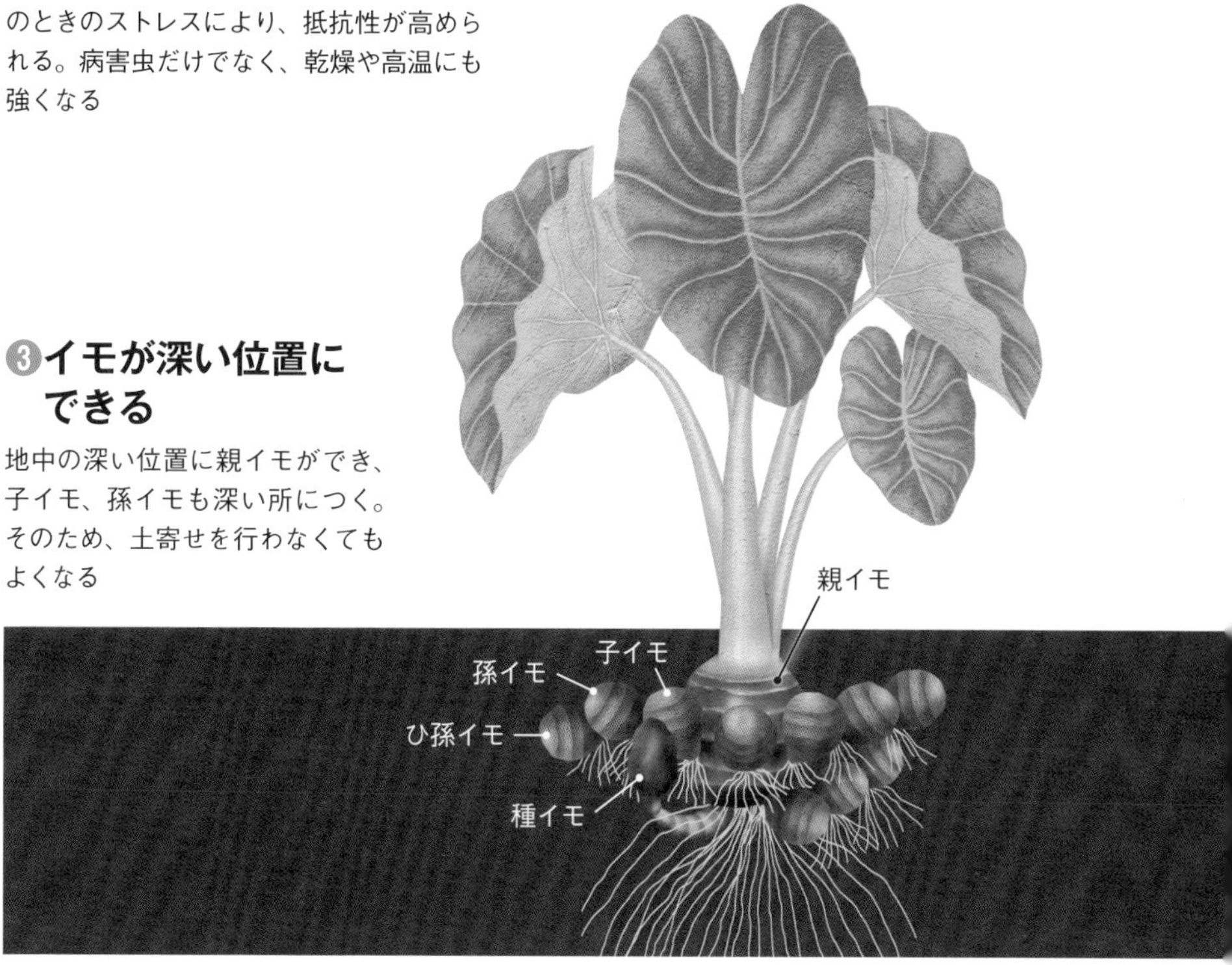

病害虫を抑える予防

カニ殻酢を種イモに散布

「逆さ植え」と合わせ技で

サトイモの連作で発生しやすい病気は、イモが腐ってしまう乾腐病《かんぷびょう》です。乾腐病菌は、前年にサトイモを育てた畑の土に残留していたり、種イモの皮に付着していたりします。

乾腐病菌は酸素を好み、地中の浅い部分で、芽から感染します。そのため、種イモの芽を下に向ける逆さ植えにすると、芽の出る位置が地中深くになり、感染しにくくなります。

乾腐病菌は、トマトの萎ちょう病菌などと同じフザリウム（カビの一種）の仲間です。フザリウムは放線菌によって分解されてしまうため（58ページ）、放線菌がふえやすい環境をつくれば病気を防げます。

土にカニ殻を鋤き込んでもよいのですが、サトイモの場合、種イモへの「カニ殻酢」の直接散布が有効です。散布は種イモの植えつけの前に行います。

カニ殻から溶け出したキチン質を含む水を種イモにかけると、種イモの表面で放線菌が繁殖し、放線菌の分泌するキチナーゼというキチン質分解酵素により、乾腐病菌を死滅させることができます。

前作にサトイモを育てていると

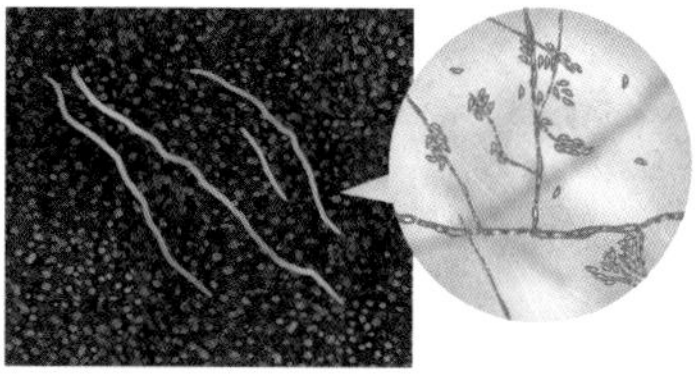

乾腐病菌が残っている

前作でサトイモを育てた畑には、地中に根が残っている。乾腐病菌は根などに潜み、地中に残留している。

どうする？

❶カニ殻を酢につける

食べ終わったあとのカニ殻を瓶などに入れ、酢や木酢液を加えて数日～1週間ほどおく。腐敗防止のため、カニ殻は軽く洗い、乾燥させたものを使用する。同様にキチン質を含むエビ殻を使用してもよい

酢を加えると、すぐに発泡が始まる。キチン質も溶け出してくる

❷カニ殻酢を散布

カニ殻酢を水で200倍程度に薄める。そして、種イモをさっと浸すか、イモの表面にまんべんなくかける。半日程度乾かしてから、芽を下に向けて種イモを植えつける

❸逆さ植えにする

種イモは、芽を下にして植えつける。芽は下に伸びたあと、Uターンして地上へと生長。芽を上にする普通植えより発芽は遅いが、このときのストレスで抵抗性が高まる

こうなる！

強健に育つ

土中や種イモの表皮から乾腐病菌が減り、病気の発生が抑えられる。

放線菌が増殖

カニ殻酢の中に含まれていたキチン質を餌に、種イモの表面で放線菌が増殖。イモの表面や、地中にいた乾腐病菌を溶かし始める。

地中深くにイモができる

逆さ植えでは、イモが地中の深い位置にできるため、土寄せが不要になり、乾燥にも強くなる。

3章

めざせ！
連作の達人

新常識！　連作のすすめ

連作障害は一時的な現象

連作をすると、連作障害が起き、野菜の育ちは悪くなります。しかし、本書で紹介したさまざまな予防・対処法により、連作障害を発生させる3つの原因（16ページ）がそろわないようにすれば、連作障害を起こさずに、同じ野菜を作り続けることができます。

連作障害が多くなるのは、一般的に連作を始めてから3〜4年めといわれています。同じ野菜を育てることで同じ病原菌や害虫がしだいにふえていくからです。

しかし、その後も連作を続けると、病害虫を餌にする拮抗菌《きっこうきん》（トリコデルマやバークホーデリア・グラジオリーなど）や生き物がふえていき、徐々に病害虫の密度が下がってきます。

これまでに、同じ畑に病原菌を投入し続けるという実験がいくつも行われてきましたが、5年ほど続けると、病気の発生は収まりました（発病衰退現象）。つまり、連作障害として起こる病害虫被害や生育不良は、畑の環境が安定し、作物の生育がさらによくなっていくための一つのステップと考えられます。

地中の物質循環がよくなる

連作をしていくと、地中にはその野菜を餌とし、分解するのが得意な微生物がふえていきます。連作障害を引き起こす病原菌はそうした微生物の一部にしかすぎません。その微生物を餌とする微生物がふえ、さらにまた……というように、土中の生き物の輪が広がり、多様化していきます。野菜から出る老廃物や残渣などはすみやかに分解されるようになります。

その結果、地中での物質循環が円滑になり、前世代の栄養分が次世代にうまく供給されるようになります。野菜の育ちもよくなり、品質も向上します。

連作障害Q&A

Q キュウリを毎年同じ所に植えていたら、伸びが悪くなった

A 線虫害ではないでしょうか。植えつけ時、土づくり時にひと工夫しましょう

キュウリは線虫害が出やすい野菜の一つです。根にこぶができるので、アブラナ科の根こぶ病と混同されがちですが、線虫の一種であるネコブセンチュウが原因で、ウリ科、ナス科、マメ科など、多くの野菜にも被害を与えます。

ネコブセンチュウは根の中に侵入し、根が吸い上げる養水分を横取りして肥大化し、根にこぶ状の組織をつくります。多くの個体が根に寄生すると、キュウリの生長は鈍り、ひどくなると枯れることもあります。大量の卵を土中に残すため、連作をするとネコブセンチュウの生息密度が高くなる可能性があります。

線虫害を予防するために、植えつけ時にひと工夫します。土中の線虫は湿った状態のほうが移動しやすく、植えつける前や後に畝に水を与えると、活動を活発化させてしまいます。そこで、あらかじめ根鉢に水を吸水させてから植えつける「ブクブク植え」にしましょう。根張りがよくなって、生育も旺盛になります。

より積極的な対策としては、48ページで紹介した米ぬかを鋤き込む方法があります。植えつけの1か月前までに、米ぬかを1㎡当たり４００g～２kg程度まいてよく鋤き込みます。

土中では、米ぬかを餌に乳酸菌がふえ、乳酸菌を餌に野菜の根に寄生しない自活性線虫がふえます。自活性線虫は排出物として大量のアンモニアを出します。ネコブセンチュウは濃度の高いアンモニアに弱いため、大幅に数を減らし、害を与えなくなります。

これは連作障害

根に寄生した線虫の影響で養水分が吸収できなくなり、地上部の生育が悪くなっているキュウリ

これで予防&対処

ブクブク植え

夏野菜苗の場合、植えつける日の午前中に、バケツに入れた水にポットごとつけて、気泡が出なくなるまでたっぷりと水を吸わせる。水から引き上げたら、2時間ほど日陰に置き、葉の先まで水を行き渡らせる。

米ぬかを鋤き込む

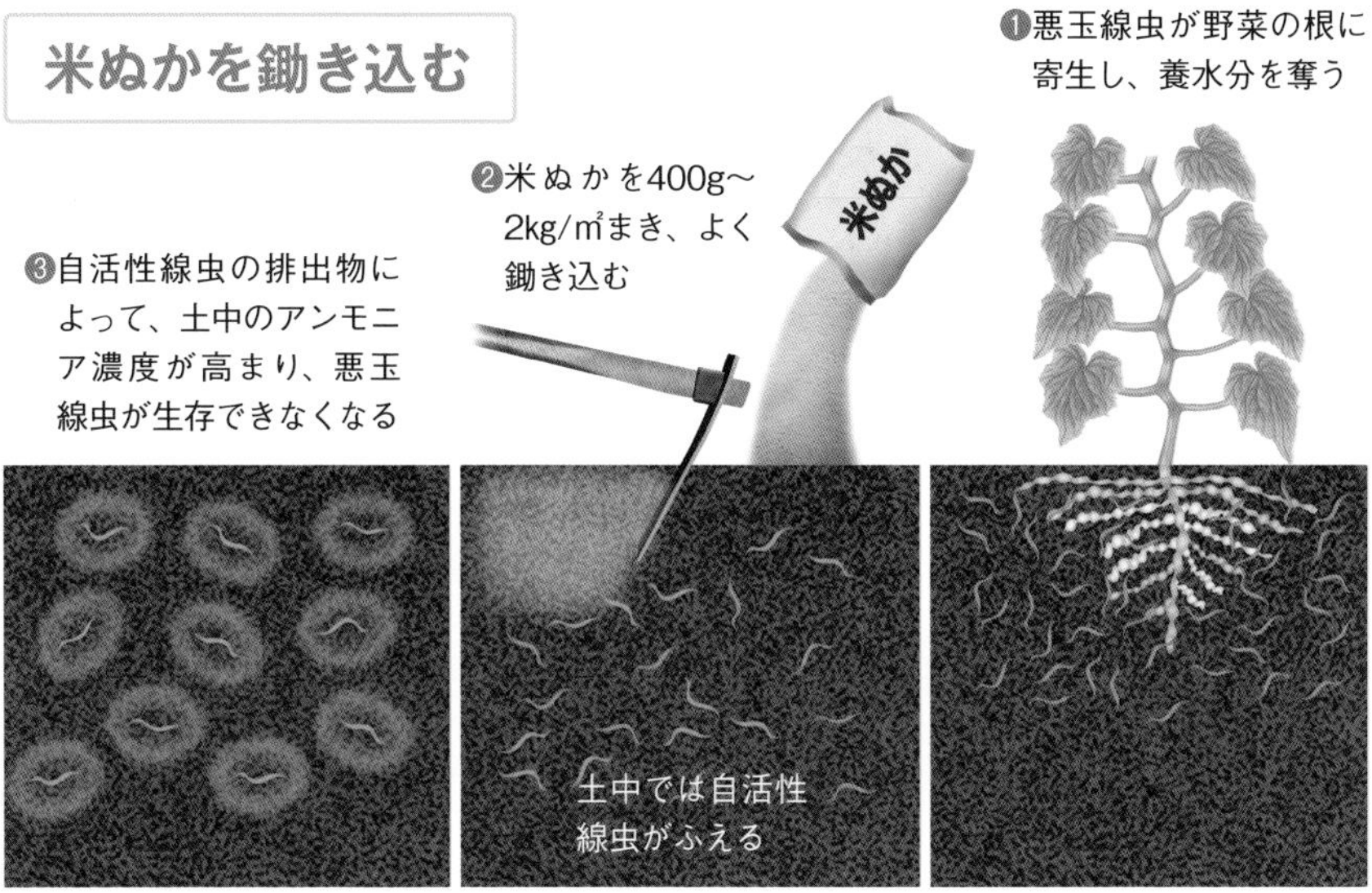

Q ニンニクを収穫したら、皮の部分が茶色くなった

A 春《はる》腐《ぐされ》病か紅色《こうしょく》根《ね》腐《ぐされ》病かもしれません。「つるつる植え」にしましょう

生育時の様子をちょっと思い出してみてください。茎や葉の一部が傷んで腐敗したようになっていなかったでしょうか。

春腐病は名のごとく春に発生します。収穫時にニンニクがきれいに見えても、菌が茎や葉から鱗茎《りんけい》まで到達していると、貯蔵中に変色し、腐敗することがあります。

もう一つの紅色根腐病は根などが赤く変色します。どちらもネギの仲間に共通する病気で土壌中の病原菌が原因のため、連作障害とみなされがちですが、案外、盲点なのは植えつけ時の種球です。

病原菌が残りやすいのは、土中よりもむしろニンニク本体です。鱗茎の皮の間に病原菌が潜んでいることがあります。前年に収穫したニンニクを種球として鱗片を植えつけると、病原菌も共に移植することになります。病原菌は伸び始めた芽から新しい株に感染し、暖かくなってから茎や葉に症状が現れます。

そこで、植えつける種球の皮をきれいにむいて、料理に使うときと同じようにつるつるの状態にしてから植えつけます。ニンニクの鱗片には強い殺菌作用を持つアリシン（におい成分）が大量に含まれているため、周囲の病原菌はなかなか感染できません。

さらに、皮をむくことにより通常よりも芽吹きが1週間程度早まるので、芽が地中に留まる時間が短く、感染のリスクを大幅に減らすことができます。

これで予防&対処

連作障害？

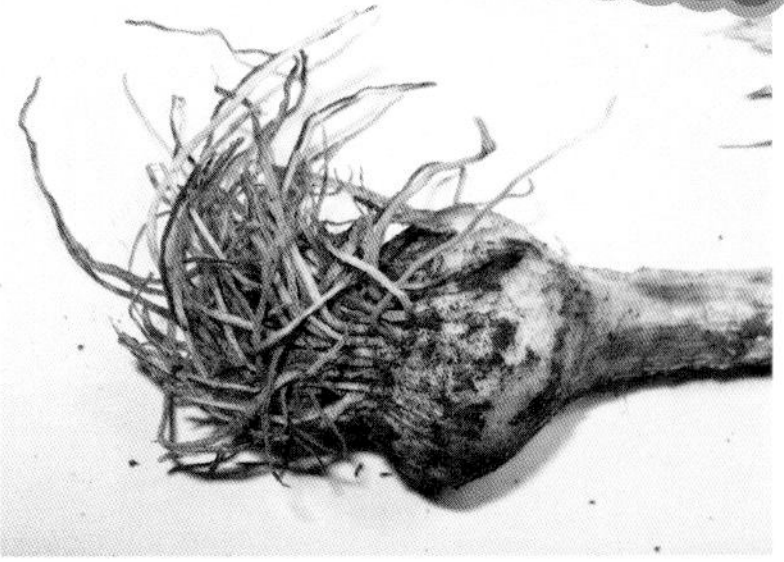

紅色根腐病のニンニク

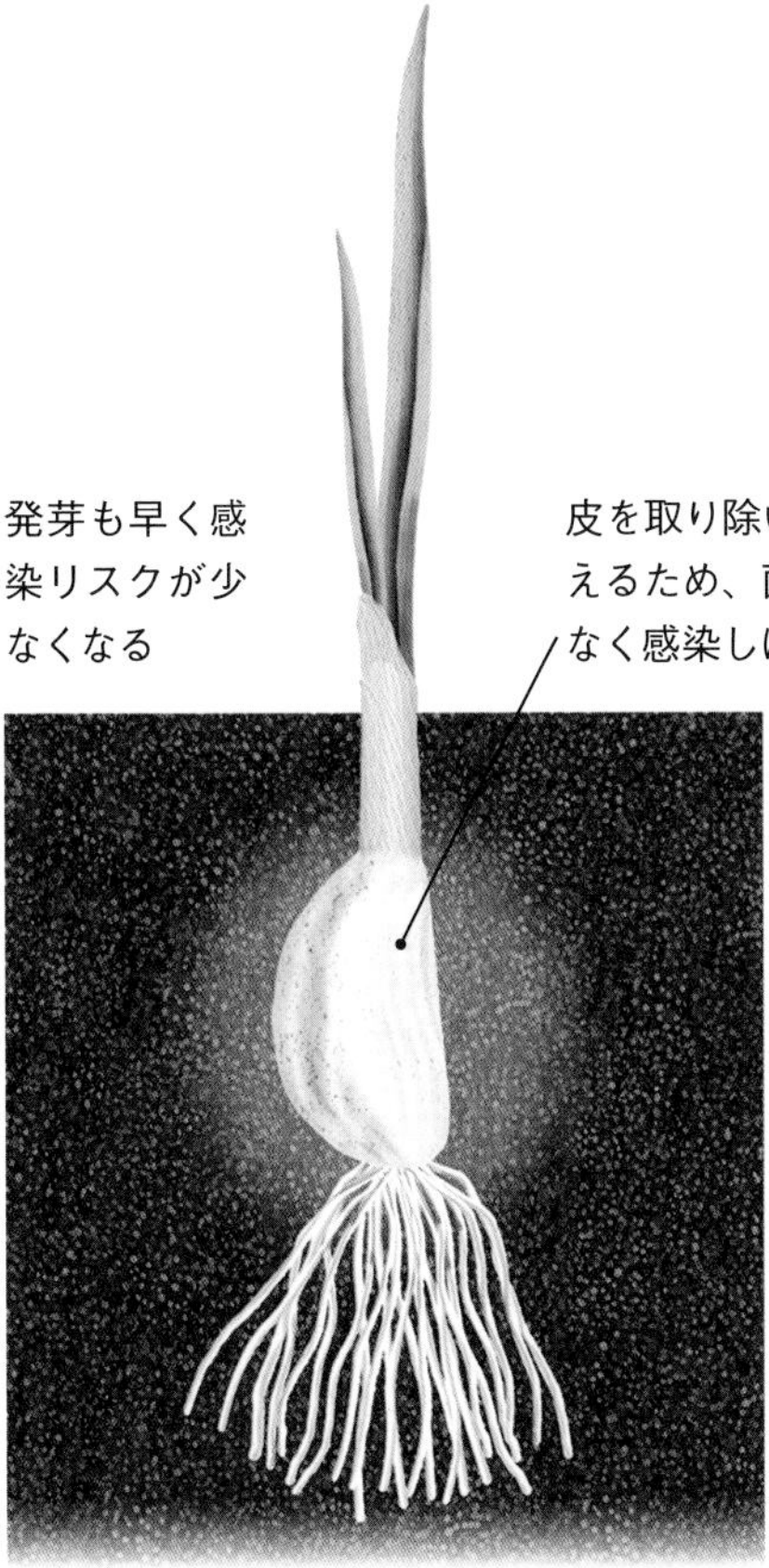

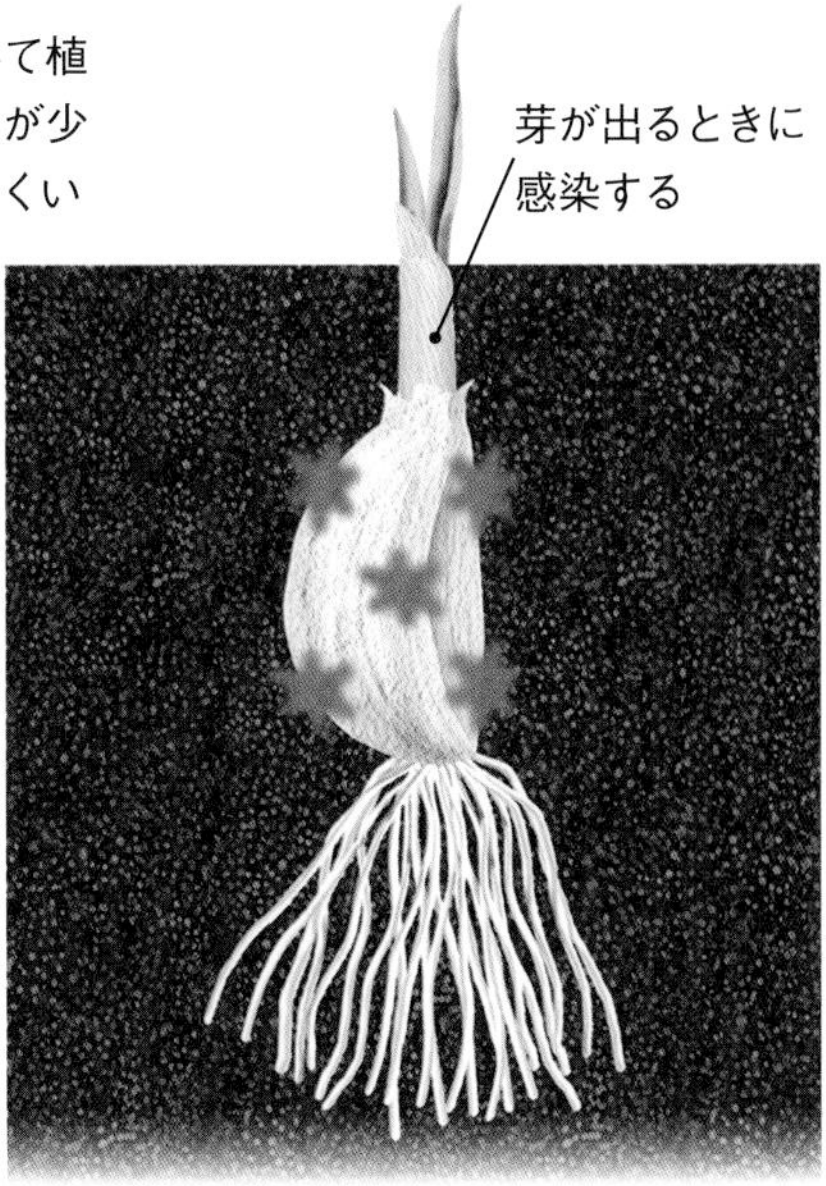

つるつる植え

アリシンの殺菌作用により、病原菌を寄せつけにくい。

普通植え

病原菌は、種球の皮に多く潜伏している。

Q タマネギ、ネギを連作したら、べと病が出た

A 土寄せのときに根を切ったからではないでしょうか

連作障害ではない

長ネギの葉に発症したべと病

べと病は葉に色の抜けた灰色の大きな斑点ができて、拡大する病気です。病原菌はカビの一種で、残渣といっしょに土中に残りますが、胞子が風によって運ばれ広がるため、実際にはどこでもべと病が発生する可能性があります。生育が悪くて抵抗力の弱い株に発生するので、まずは日々の管理を見直しましょう。

長ネギでありがちなのは、土寄せ時、株の周囲を鍬で掘ったときに、気づかずに根を切ってしまうケースです。ネギの仲間は根が茎盤《けいばん》を通して直接、葉とつながっています。傷んだ根と対応する葉が弱くなり、そこに病気が発生します。皮肉なことに、まめに土寄せをして手をかけている場合ほど、べと病になりやすいのです。

土寄せは最初にわらを敷き、その上に土をのせていくやり方で行いましょう。根が切れにくく、また、もし切れたとしても、わらがあるため土の中に空気（酸素）が入り、すぐに新しい根が伸びて、株の勢いが回復します。また、わらの表面にはケイ酸が豊富ですが、長ネギはこのケイ酸を吸収すると葉の表面がしっかりとし病害虫に強くなります。

タマネギにも敷きわらが有効です。雑草の伸びを抑えられるので、密集した株の間の除草作業で根や葉を傷める心配もありません。

これで予防&対処

敷きわらあり

敷きわらをして土を寄せる。下の土が見える程度の厚さにわらをかぶせ、その上に、わらが顔をのぞかせる程度に土をかける。

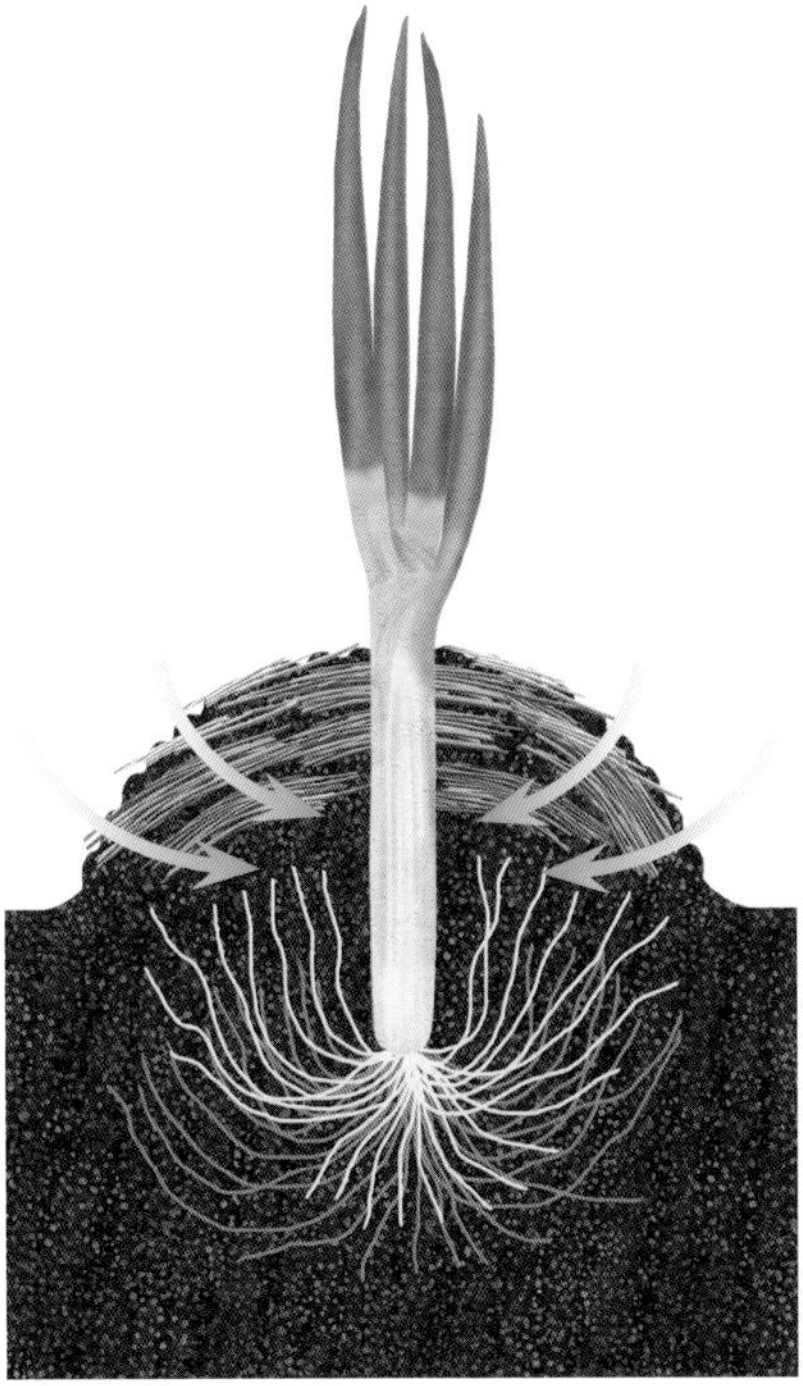

空気が入りやすく、酸素も豊富なので、根が呼吸しやすくなり、新しい根が伸びやすくなる

敷きわらなし

根と葉は茎盤を通じて、つながっている。根が傷むと葉も傷みやすい。

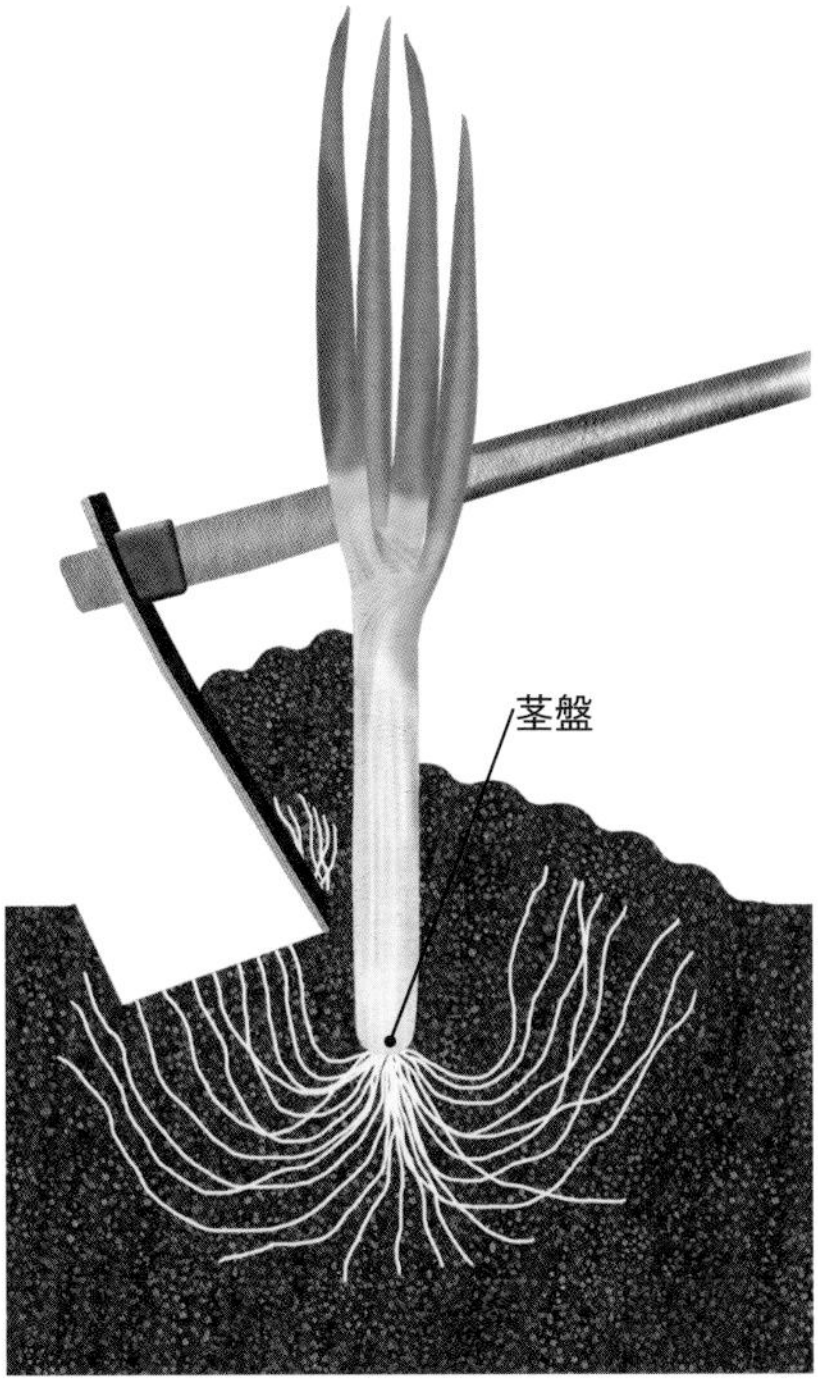

ネギやタマネギの根は酸素を求めて地表近くまで伸びるので、土寄せ時に傷つけやすい

Q エンドウが連作3年めから急にできなくなった

A 生育阻害物質のせいでしょう。自然の草を生かしましょう

これは連作障害

エンドウは連作障害が出やすい野菜です。根から生育阻害物質を出すため、同じ場所でエンドウを連作して育てると、だんだん生育阻害物質がたまり、エンドウ自身も生育できなくなってしまいます。

　蓄積した生育阻害物質は分解させるしかありません。エンドウの栽培時から、周囲の雑草をできるだけ生かしておくと、雑草のあけた根穴から土の中に空気が入り、生育阻害物質が分解しやすくなります。また、雑草の根が伸びた範囲に土壌微生物がふえるので、より物質の分解と循環が促進されます。

　また、エンドウの後作としてイネ科の緑肥作物のエンバクを育てると、連作障害が起こりにくいことが経験的にわかっています。エンバクは根の量も多いうえに根の張りが強いのが特徴で、生育阻害物質を吸い取って掃除をしてくれるだけでなく、土中に送り込む空気の量も多くなって、土中に残った生育阻害物質の分解も進みます。

これで 予防&対処

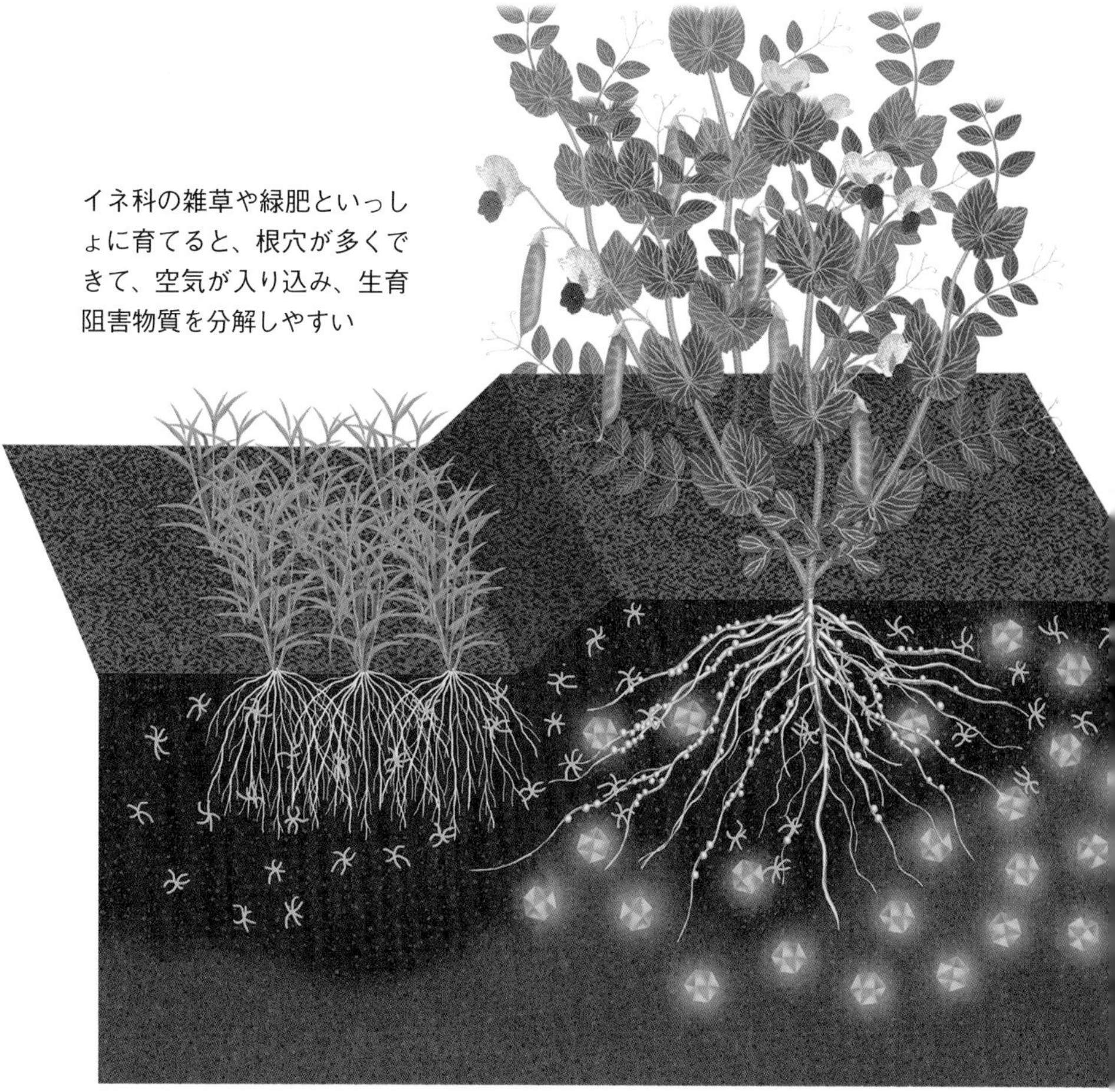

イネ科の雑草や緑肥といっしょに育てると、根穴が多くできて、空気が入り込み、生育阻害物質を分解しやすい

根から生育阻害物質が分泌され、土中に蓄積する

Q アブラナ科を続けて植えたら、収穫量が減り、病気も発生した

A 根こぶ病が考えられます。植え方を変えてみましょう

これは 連作障害

ハクサイに発生した根こぶ病

アブラナ科の収穫量が減ったら、まず疑うべきは根こぶ病です。アブラナ科に特有の土壌病害で、いちど発生すると、土中に病原菌が休眠胞子のかたちで10年以上残るとされます。株を抜いて、根に変わった様子がないかチェックしてみましょう。

家庭菜園で簡単にできる対策は、植えつけ時の工夫です。根こぶ病菌が主根につかず、側根に多少感染するだけなら、全体の生育にはさほど影響を与えません。

生分解性ポット（ジフィーポットなど）を利用して根鉢をぬかずに、ポットごと植えつけると、かなりの期間、主根が畑の根こぶ病菌と接触しないので、感染を防ぐことができます。

もう一つの方法は、植えつけ時に主根を3分の1程度の長さに切る「根切り植え」です。側根がたくさん出るので、主根に根こぶ病菌が感染した場合より症状が軽くなります。

このほか、54ページのおとりダイコンを育てて根こぶ病を減らす方法、56ページの転炉スラグやコーラルを使って根こぶ病菌の活性を抑える方法もあります。

これで 予防&対処

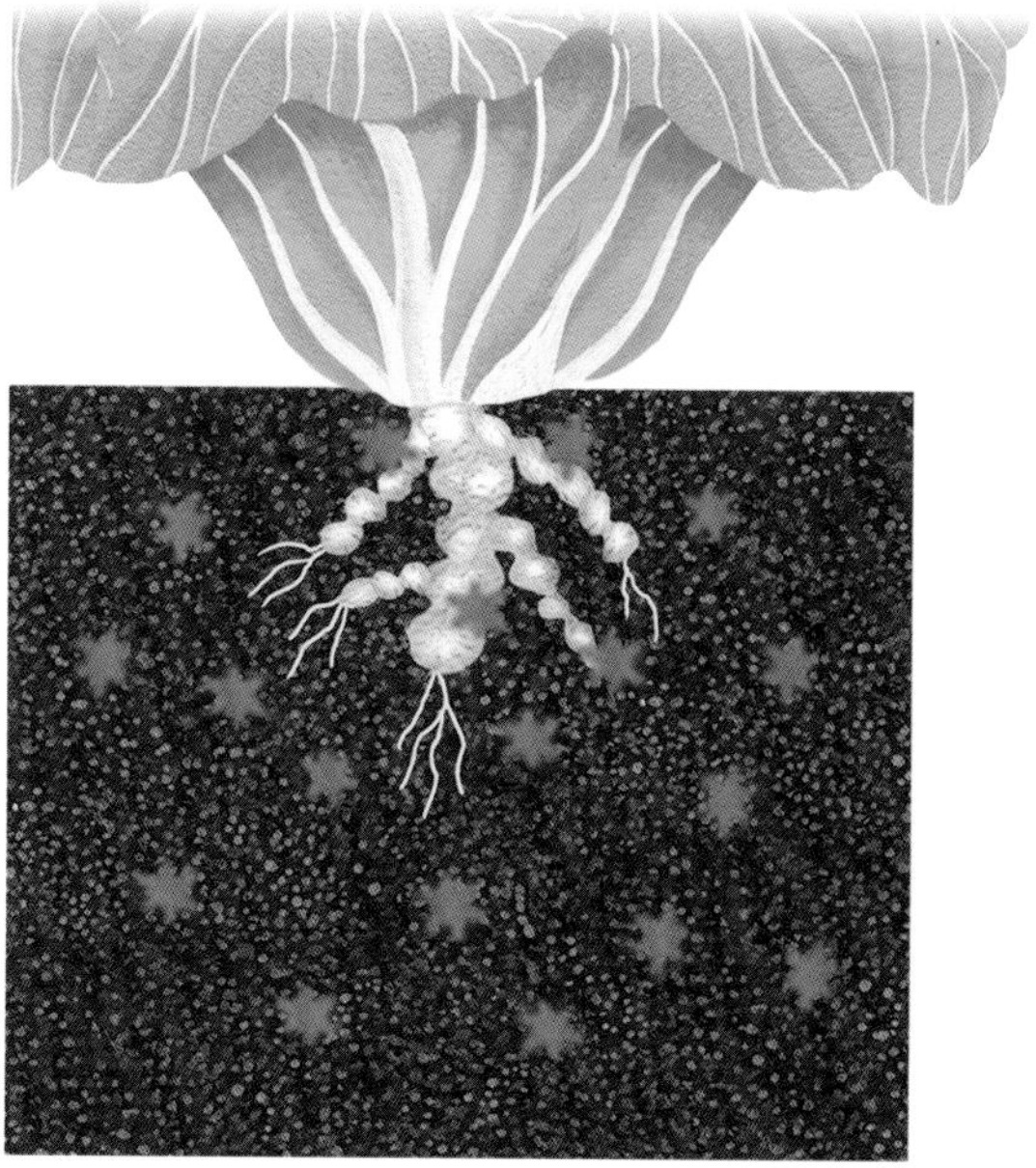

そのまま植えると…

主根を中心に根全体に感染が広がり、養水分が吸えなくなって、生育に悪影響が現れる。

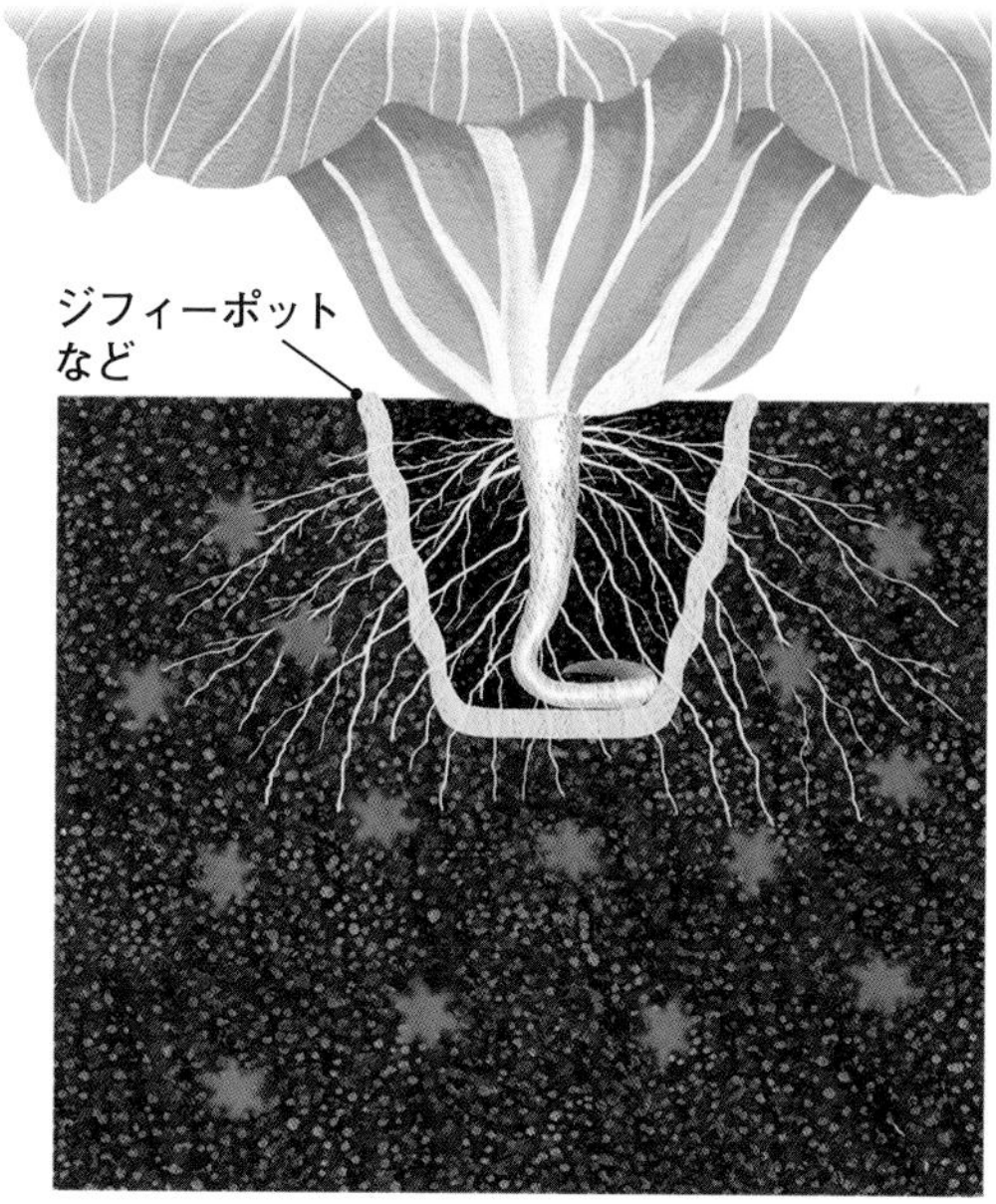

生分解性ポット苗の丸ごと植え

土中に菌はいるが、ポットで隔てられていて、主根には感染が及ばない。生分解性ポットは徐々に分解が進み根が外へ広がるため、生育の妨げにならない。

Q ジャガイモにあばたのような痕がついた

A そうか病や粉状そうか病などの土壌病害でしょう。

連作障害？

ジャガイモの粉状そうか病の症状

ジャガイモによくみられる病害です。イモの表面があばた状になり、汚くなります。

土壌病害の一種ですが、多いのは、種イモの表面に病原菌が付着しているケース。種イモから周囲に新しくできるイモに感染します。この場合は、かならずしも連作障害とはいえないかもしれません。

原因となるのは放線菌やネコブカビなどの土壌微生物です。もともと根から分泌される老廃物を分解するのが得意で、おもに土中の根の周囲で活動します。地上部の茎や葉を侵すことはまずありません。

そこで、種イモをゴロゴロ植えにします。黒マルチの植えつけ位置に切り込みを入れ、半分に切った種イモを、切り口が上になるようにマルチの切り込みから入れて畝の表面に置きます（100ページ）。ジャガイモのイモは、もともと茎の一部が肥大したもの（「塊茎」と呼ばれる）で、きわめて浅い位置にあると、そうか病や粉状そうか病は、ほとんど発生しません。

これで 予防&対処

種イモのゴロゴロ植え

収穫

植えつけ

浅い位置にイモができるので、病原菌に感染しない

放線菌やネコブカビなど、そうか病の原因となる微生物は根の分泌物を好む

農家の連作ワザに学ぼう

一つの野菜を専門として長年にわたって作り続けている農家は全国にたくさんいます。連作障害を起こさず、特定の野菜に合った栽培、環境づくりを取材しました。

※122～136ページの内容は、2016年当時のものです。

実践例1

〝奇跡のトマト〟が育つ 残渣の鋤き込みでつくる究極の土

深野俊郎さん

ファッショントマトハウス深野代表。千葉県柏市在住。千葉県指導農業士、千葉農業アカデミー会長。

深野さんの作るトマトは絶品。その味と栽培法から〝奇跡のトマト〟といわれ、収穫期には全国から注文が殺到します。深野さんは１９７０年代から40年以上にわたって連作を続けています。

「連作は障害が出るといわれて、みんな怖がってやらない。けど、だいじょうぶだってことは、わたしが証明しているようなもんだよ」

驚くのは、栽培後に残った茎や葉、根などの残渣を土に鋤き込むこと。いちど枯らしたあと、その場に鋤き込み、分解させてしまうのです。

「万が一、根に病原菌がいても、実際には根をきれいに掘り出せないため、かなりの量が残ってしまうはず。また地上部で発生する病気があるとしても、その病原菌は土の中では生きられない。それなら、残渣は有機物として全部埋めてしまえばいい」

長年、残渣を鋤き込んでい

収穫終了後、ハウス内の株はすべて倒し、しばらくそのまま放置して乾燥させる。8月になったら、米ぬかとともに鋤き込んで、夏の高温下で分解させる

るうちに、土壌検査を行っても、特定の成分が不足することがなくなりました。20年ほど前から順次、石灰、カリ、リン酸成分の肥料が不要になり、この5年ほどは窒素肥料さえも元肥として投入しなくなったといいます。施すのは、玄米アミノ酸ボカシ肥など微生物資材のみ。

「うちのトマトは甘さだけでなく、がぶりと食べたときの最初の香り、そして、うまみとコク、後味として残る余韻がだいじ。これだけの複雑な味が生まれるのも、この栽培方法が間違っていない証拠だと思うよ」

栽培スケジュール

10月下旬～11月上旬
苗の植えつけ
微生物資材「ネニソイル」(p.137参照)などをまいた場所に植える

2月上旬～6月中旬
収穫
1本仕立てで8～9段まで。水は極力少なくし、玄米アミノ酸酵素によるボカシ肥などを追肥する

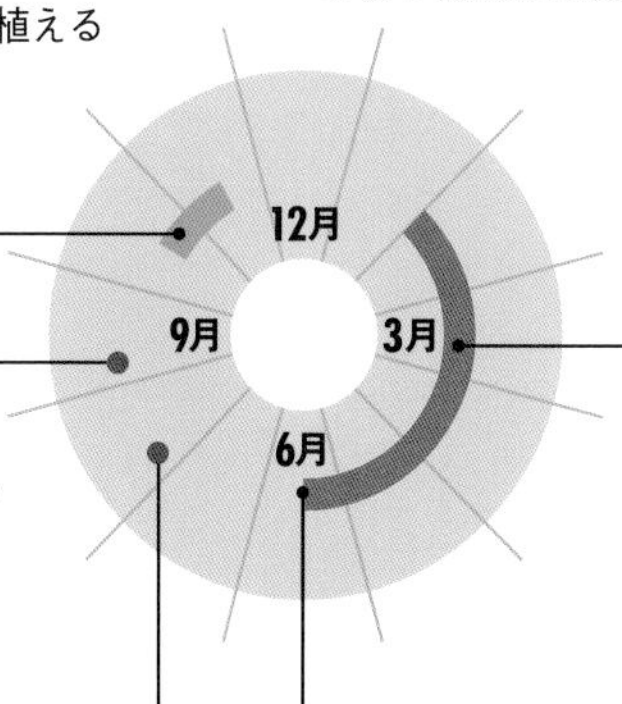

9月上旬
育苗
購入苗から育苗する

8月上旬
残渣の鋤き込み
米ぬかとともに鋤き込み、平らにならして、水をかけてビニールマルチをして1か月程度、養生する(太陽熱消毒)

6月中旬
収穫終了
株はその場に倒して乾燥させる

健全な株を育て、味をよくする目的で追肥代わりに施しているのは玄米アミノ酸ボカシ肥。米ぬかに玄米アミノ酸の粉体を加え、発酵させたもの

ササや落ち葉を集め、米ぬかなどを混ぜて堆肥づくりを行っている。現在では、畑には鋤き込まず、育苗の床土として使うのみ

土に戻すと物質の好循環が生まれる

育てた株の葉や茎、根などの残渣は、栽培場所から持ち出して、処分するのが常識とされています。残渣をその場に置いたままにすると、その株についていた病原菌などを翌年に残すことになるからです。

しかし実際に、鋤き込みを続けていくと、連作障害がふえる時期もありますが、病原菌に強い善玉菌がふえ、同時に微生物の多様性も高まって病原菌の密度が低くなり、ほとんど病気が発生しなくなります。

土に含まれる成分を使って生長したトマトがその場に鋤き込まれ、ふたたび土に戻ることで、その植物体（この場合はトマト）を利用するのに長けたさまざまな微生物がふえて、年々分解が早くなり、次作でトマトが利用しやすい状態になっていくのです。

こうして連作と残渣の鋤き込みを続けるうちに、物質のよい循環が生まれます。畑の外へ残渣を持ち出すこともないので、元肥などの形でほかから新たな養分を持ち込む必要もなくなります。

連作を続ければ続けるほど、トマトと微生物の働きによって、トマトがよく育つ究極の土が育ち、味や品質の向上にもつながっていきます。

残渣鋤き込みの効果

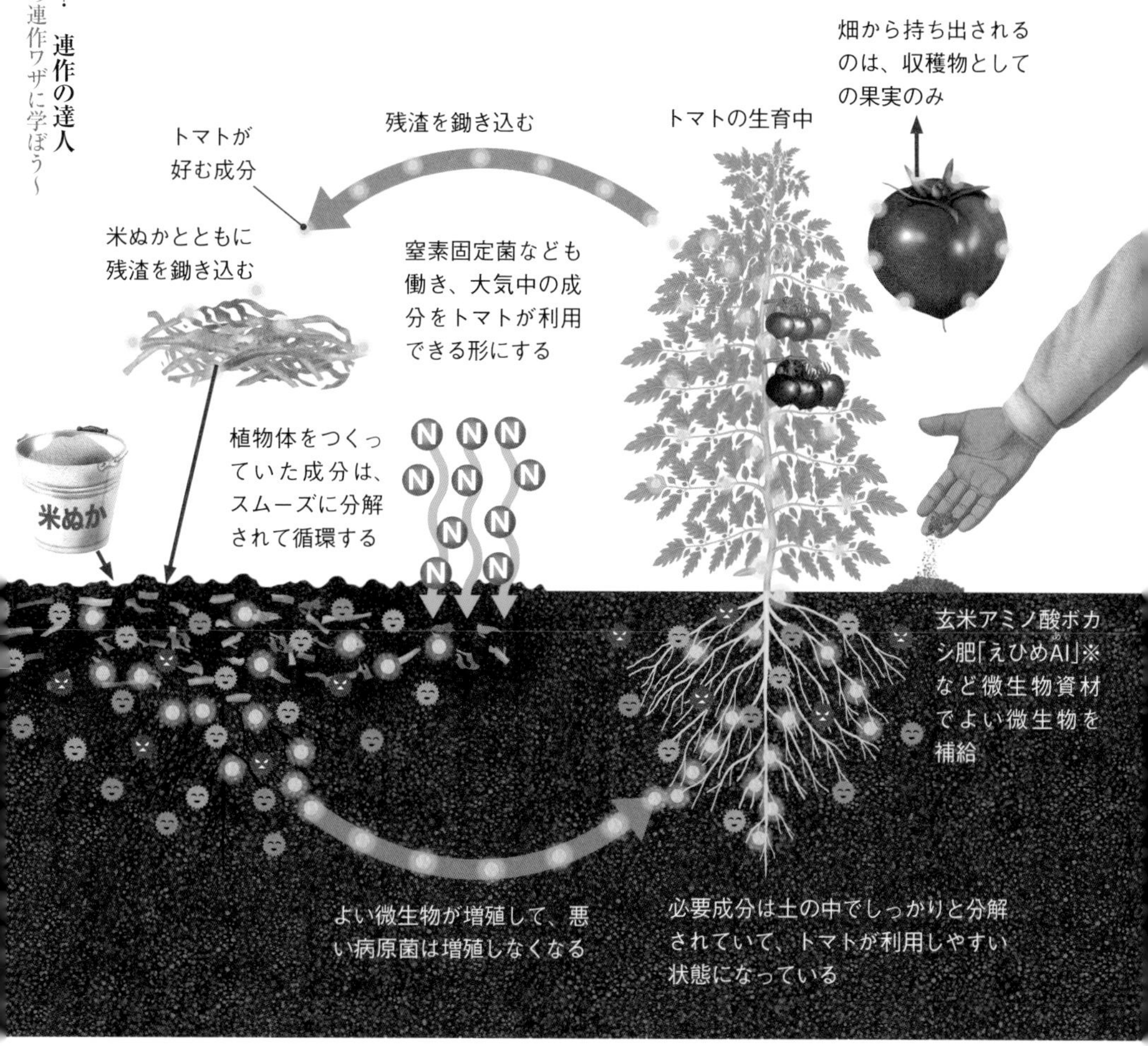

※愛媛県産業技術研究所が開発した環境浄化微生物。
納豆や乳酸菌、イースト菌などを使ってつくることもできる

中澤 清さん
トマト農家。茨城県龍ケ崎市在住。ＪＡ竜ケ崎施設園芸部会、茨城県施設園芸研究会会長。

実践例2

トマト連作30年以上 真夏の太陽熱で病原菌を退治

土壌消毒に農薬はいらない

「30年以上前に太陽熱消毒を始めてから、連作障害は出たことがありません」と中澤さん。

「もちろん、薬剤による土壌消毒は一切なし。そもそも農薬は好きじゃないんです」

中澤さんは約５００坪のハウスでトマト４５００株を栽培。育てているのは、『桃太郎』が登場する前に広く作られていたファースト系の改良品種。甘みに適度な酸味が加わった濃厚な味と果肉のしっかりとした食感が特徴です。11名のＪＡ竜ケ崎施設園芸部会のメンバーとともに、「龍ケ崎ファーストトマト」の名で地元量販店や直売所に出荷をしています。

40年ほど前にトマト栽培を始めた当初は、栽培終了後にハウスに水田のように水を張って、土の中の酸素をなくすことで病原菌を減らしていましたが、それでも青枯病などの連作障害が出たメンバーもいました。そこで研究を重ね、太陽熱消毒を導入したところ、以後、連作障害は起こらなくなったといいます。

「太陽熱消毒で病原菌を死滅させたところに、完熟堆肥やそのほかの土壌改良資材でしっかりと土づくりを行うことで、毎年、丈夫でおいしいトマトが育ってくれます」

熱に弱い病原菌を死滅させ、善玉菌を維持する

連作障害の原因となる病原菌は、トマトの側根が多く伸びる深さ15〜20㎝までの、地表近くに多くいます。病原菌は40℃近くの温度が続くと死

太陽熱消毒を行っているハウス内は猛烈に暑い。
水で湿らせた土をビニールマルチで覆い、保温・保湿して、地中深くまで高温にする

栽培スケジュール

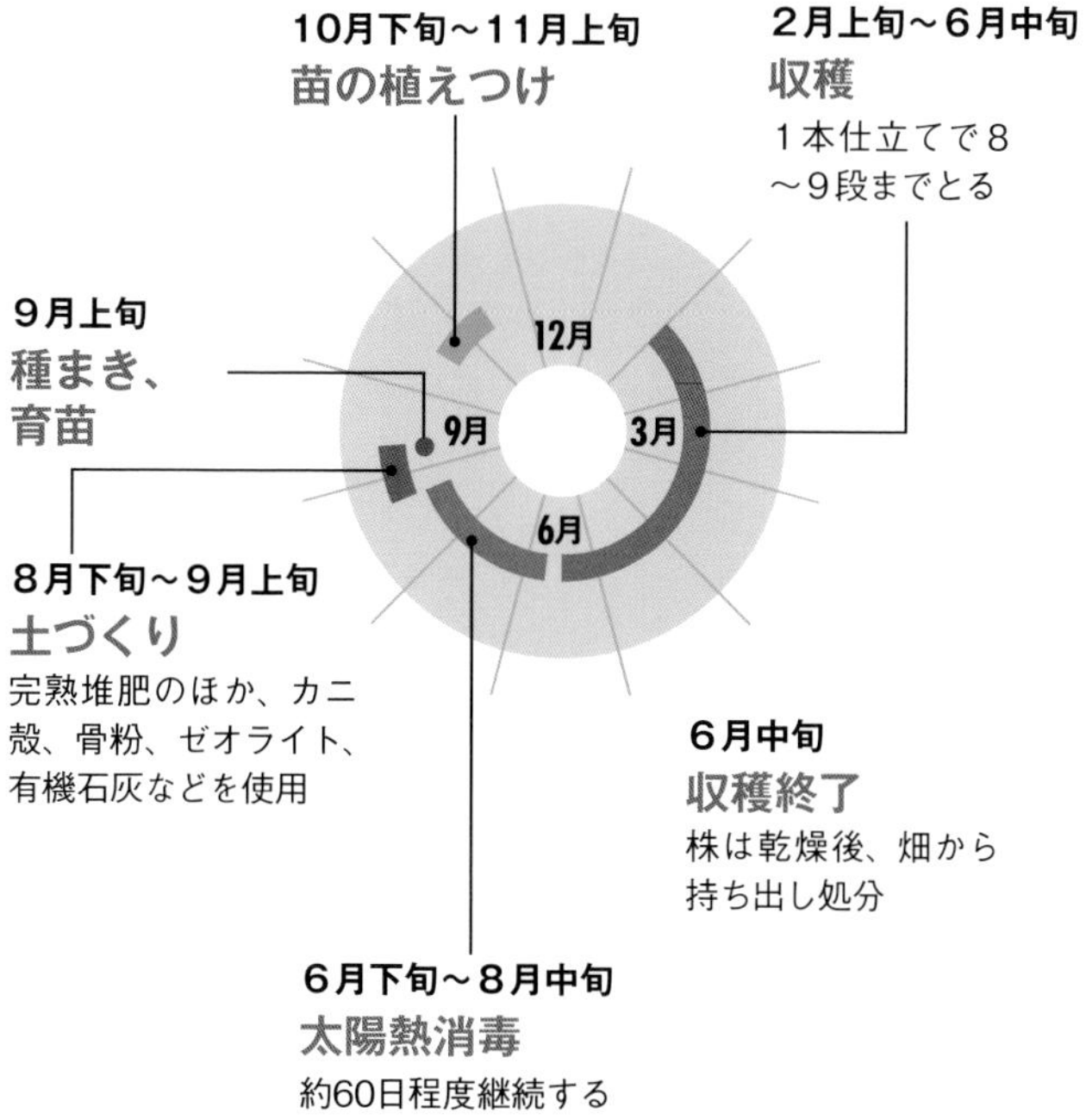

8月の晴れた日の午後、地中10㎝程度まで温度計を差し込むと約43℃。このとき、表面近くは軽く50℃を超えていて、手で触れるとやけどしそうに熱い

太陽熱消毒を行うあいだは、水分が土中に浸透して乾いてくると、また水を流し込んで冠水させる。水を全体に行き渡らせるため、土に凹凸をつくり、水路状にしている。藻類が表面を覆うが、乾燥後、土づくり時に耕せば、分解するので問題ない

滅しますが、問題は単に太陽に当てるだけでは、土の中の温度はあまり上がらないことです。いかに土の中を高温にしてやるかがポイントになります。

そのためには、まず地表をビニールマルチなどで覆って、太陽光で温度を上がりやすくします。また、たっぷりと水を与えて土を湿らせることで、地表から地中へと熱が伝わりやすくする必要があります。マルチの内部は一種の蒸し風呂状態になり、水はいちど温度が上がると下がりにくいため、長期間にわたって高温を維持できます。

さらに、マルチで覆う前に、米ぬかやふすま（コムギの製粉くず）をまいてよく耕して混ぜておくことが重要です。それらを餌にして微生物が活発に働き、熱を発して、温度がさらに高くなります。同時に、この分解で酸素を大量に消費するので、酸素を好む病原菌を減らす効果もあります。

太陽熱消毒は日ざしの強い真夏に1か月以上行うと効果的です。畑などの露地ではビニールでしっかりと覆い、夜間や雨の日なども、できるだけ高温を維持することが重要です。

消毒といっても、薬剤による土のリセットとは異なり、高温に強い善玉菌などは生き残り、微生物の多様性は一定程度、保たれます。そのうえで、善玉菌を多く含む完熟堆肥などで土づくりをすることで、連作が可能になります。

太陽熱消毒の効果

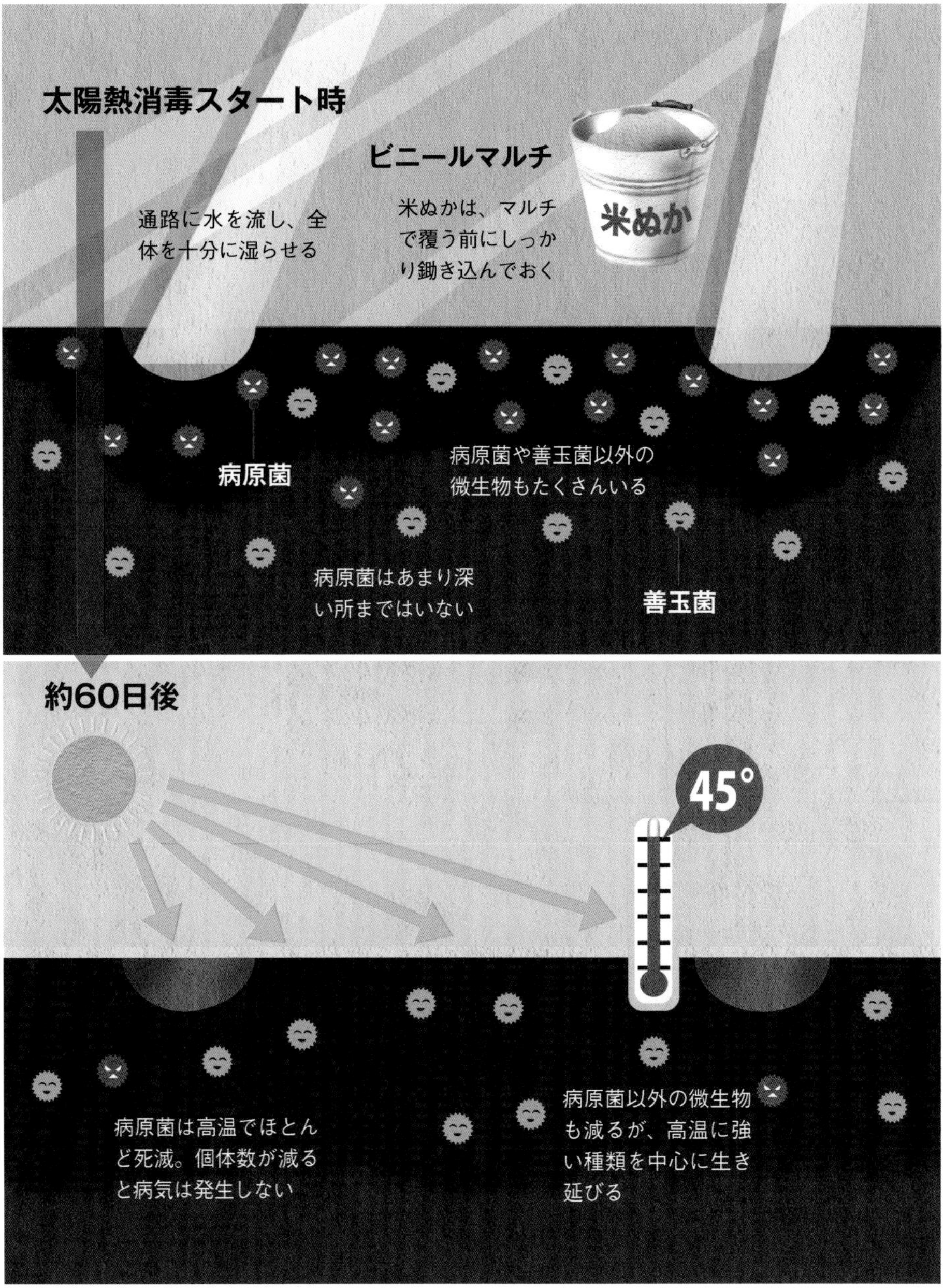
太陽熱消毒スタート時
ビニールマルチ
米ぬか
通路に水を流し、全体を十分に湿らせる
米ぬかは、マルチで覆う前にしっかり鋤き込んでおく
病原菌
病原菌や善玉菌以外の微生物もたくさんいる
病原菌はあまり深い所まではいない
善玉菌
約60日後
45°
病原菌は高温でほとんど死滅。個体数が減ると病気は発生しない
病原菌以外の微生物も減るが、高温に強い種類を中心に生き延びる

実践例3

ダイコン連作45年以上 線虫対策はマリーゴールドで

梅原孝伸さん

農家。静岡県熱海市在住。熱海MOA自然農法の会副会長。

3年で5回 ダイコンを作る

熱海市の温泉街から山に向かい、谷あいの道を車で走ること約15分。梅原さんの畑は、周囲7か所に点在しています。「山が近いため、太陽が低くなると山陰になりやすい畑がほとんどです。ダイコンは、冬場でも日がよく当たる、いちばん条件がよい3つの畑を使って連作をしています」

45年以上前の父の代から、同じ畑でダイコンを作り続けてきました。近年では、少量ずつコンスタントな出荷が求められるので、9月上旬〜翌年4月中旬まで、時期をずらしながら種をまきます。同じ畑で年間2作のダイコン栽培を行いながら、3年ごとに1作に減らし、ネグサレセンチュウ対策としてマリーゴールドの栽培を行っています。これを3つの畑で年をずらして順番に行い、3年で一巡させています。

「1か所の畑で、3年間作り続けるので、延べ回数にすると5回の連作をしていることになります。するとやはりネグサレセンチュウの被害が心配になります。マリーゴールドで線虫対策を行いながら、緑肥として鋤き込んで土づくりをすれば一石二鳥。良質のダイコンがとれ続けます」

ダイコン畑は、３年に１回、夏だけ、マリーゴールド畑に変わる。
気温が高い時季は線虫の活動も活発で、マリーゴールドの根におびき寄せられやすい

栽培スケジュール

9月上旬～4月中旬
種まき
秋ダイコンの種まき開始、春ダイコンの最後は４月中旬。同じ畑で、２作行う

10月下旬～6月中旬
収穫
秋ダイコンの収穫開始。収穫後、堆肥を施したあと、12月以降は２作めのダイコン種まき。春ダイコンは、６月中旬まで収穫

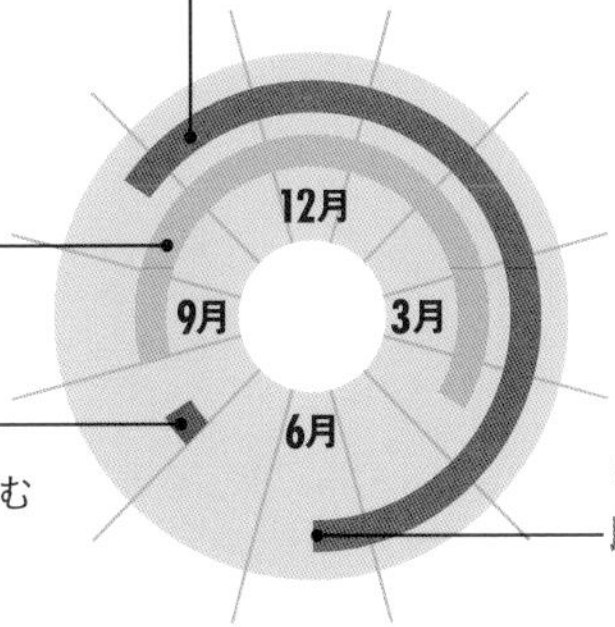

8月上旬
土づくり
堆肥と石灰資材を鋤き込む

6月中旬
収穫終了

マリーゴールドのスケジュール

３年に１回、ダイコンを休んでマリーゴールドを育てて、鋤き込む

●6月　マリーゴールドの種まき
●8月上旬　マリーゴールドの鋤き込み。分解するまで７～10日ごとに耕す。３回めに耕すさいに堆肥と石灰資材を施し、土づくりをする
●11月　ダイコンの種まき(年１作のみ)

堆肥は自家製。牛ふん、落ち葉、油粕、米ぬかなどを混ぜてつくる。ダイコンは、あまり肥料分を必要としないので、土づくり時に施す堆肥と石灰資材で十分よく育つ

草刈機で、マリーゴールドを細かく切りながら、株元まで刈り込む。その後、耕うん機で耕す

線虫を減らし緑肥にもなる

ダイコンに多い線虫害は、ネグサレセンチュウによるものです。肌にぽつぽつと黒いシミができて汚くなったり、生育が悪くなったりします。

マリーゴールドは、土中のネグサレセンチュウを根におびき寄せ、根から分泌する物質で殺してしまいます。土の中のネグサレセンチュウの密度が大きく減るので、次作から被害が抑えられます。

マリーゴールドはまばらに育てるよりも、密生させたほうが、線虫対策には効果的です。草丈が高く、根もよく張る「アフリカントール」という種類のマリーゴールドであれば、30㎝四方に1株あれば十分です。

ただし、苗を育てて植えつけるよりも、条間30㎝で種を条まきにするほうが作業は簡単です。

大きく育ったら、地上部は草刈機で20㎝程度に切り、耕うん機や鍬などで鋤き込みます。根や株元付近の茎は太くて堅く、分解しにくいので、鋤き込み後2～3回軽く耕すと安心です。

ダイコンの場合は、有機物の分解が不十分だとまた根の原因になるので、鋤き込んでから、1か月半～2か月程度たってからダイコンの種まきに移ります。

マリーゴールドの効果

マリーゴールドの種のまき方

線虫対策には、密にまいたほうが効果は増す。草丈が高くなる「アフリカントール」がよい。

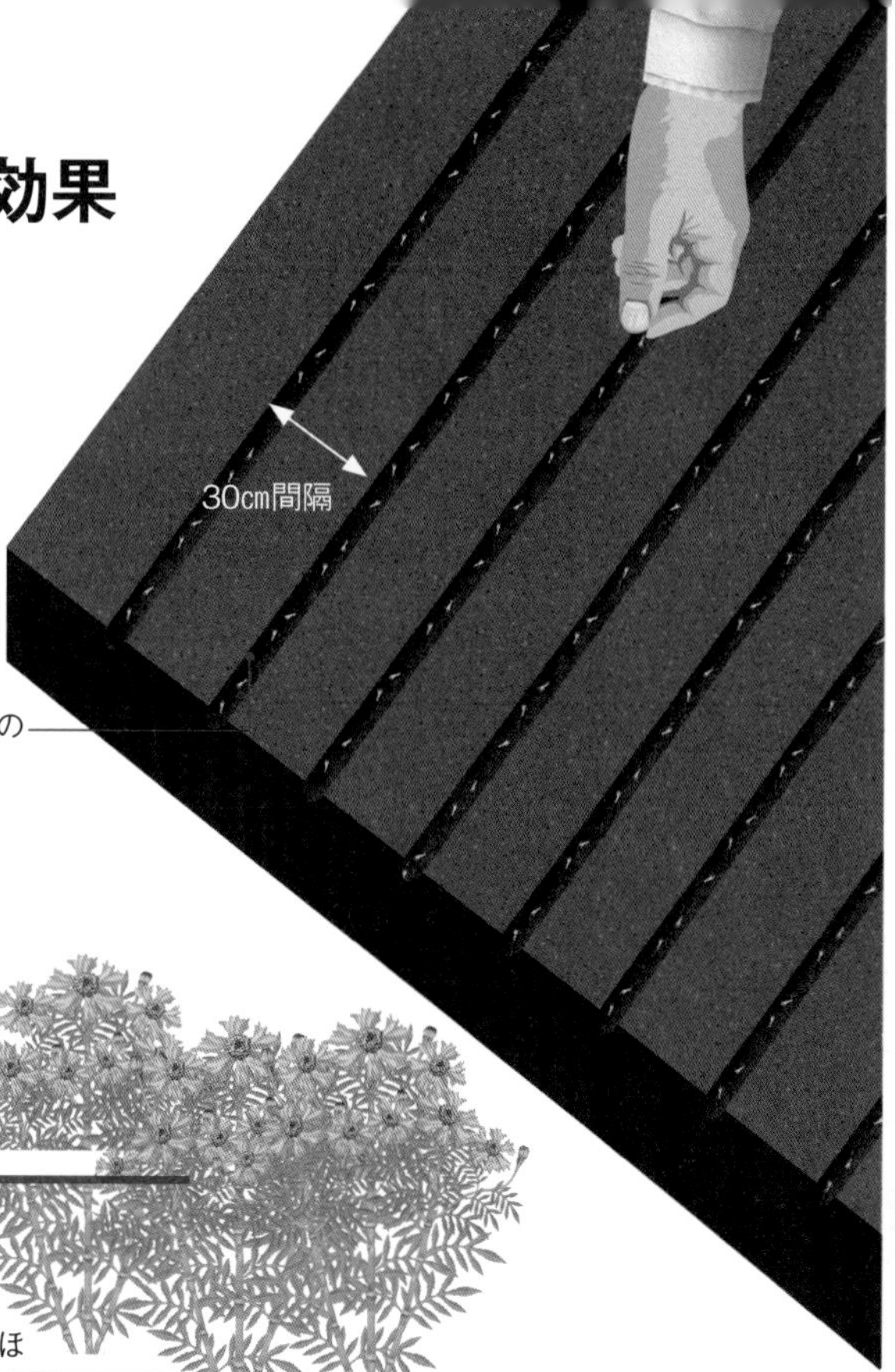

マリーゴールドの鋤き込み方

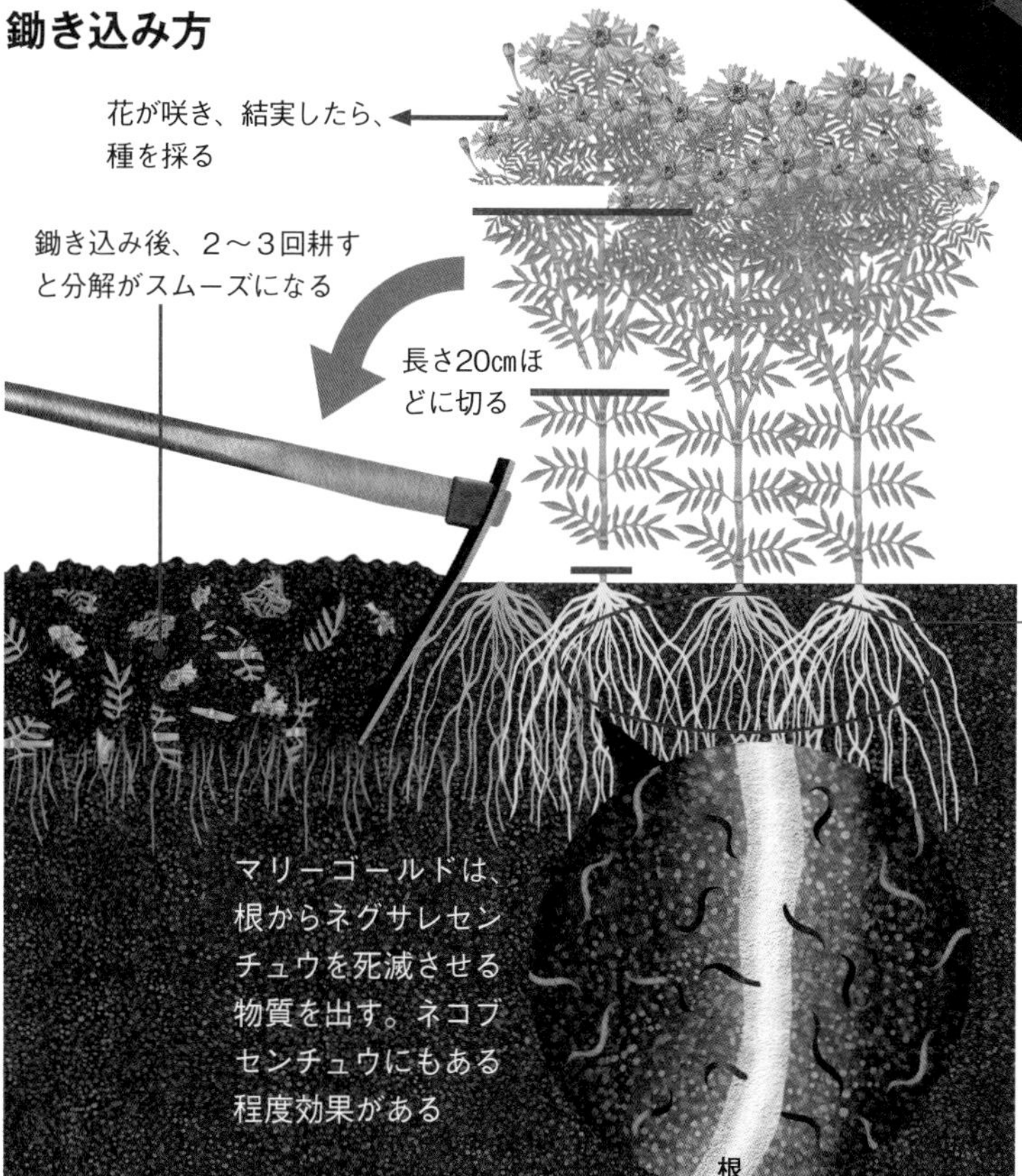

神宮昌利さん
ナス農家。群馬県高崎市在住。
吉井ナス出荷組合書記。

実践例4

高品質&多収量の連作ナス
土壌改良資材で病気に強い土と苗をつくる

苗づくり、土づくりに珪酸塩白土を活用

　神宮さんの畑で育つナスは約７００株。１株につき約２００個、総計すると年間で約14万個を出荷しています。品質と収量で、高い評価を受けているナスは、じつは連作で育てられています。

「以前は輪作をしていたけれど、それでも連作障害には悩まされた」と神宮さん。土壌改良資材や微生物資材を使って土づくりを行うようになって、ようやく連作が可能になりました。とくに「ソフトシリカ」「リフレッシュ」などの〝珪酸塩白土〟を、土づくりだけでなく、苗づくり、植えつけ、水やり時にも使用することで、節間が詰まって葉が肉厚な、がっしりとした健全な株に育つようになったことが大きいといいます。

「ふつうに育てても、もちろん苗はできます。でも、有効な資材を使って育てると、ものすごく根張りのよい整った苗になるんですよ」

　現在はナスを２年連作したあと、ニンジンなど別の野菜に切り替え、３年後にふたたびナスの栽培に戻ります。この栽培方法に切り替えて十数年、連作障害は起きていないといいます。

「使う資材を工夫すれば、もっと連作ができるはずです。10年間連作をしている方もいますから。一年一年が勉強ですね」

最盛期には１日2000個のナスを出荷するため大忙し。
夜が明け始めると同時に作業を開始し、昼前まで収穫が続く

栽培スケジュール

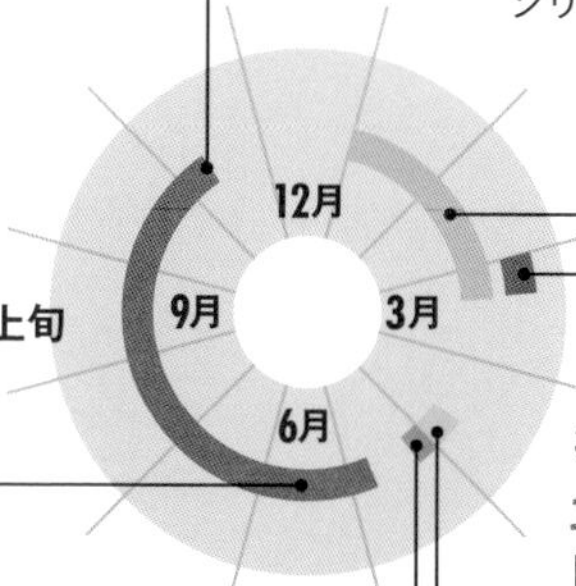

1月上旬～3月上旬
種まき～鉢上げ
1月上旬に台木の種を、下旬に穂木の種をまく。3月上旬に接いだあと、活着したら鉢上げ。培養土は畑土に堆肥と「ソフトシリカ」を混ぜたもの

3月上旬
土づくり
「ソフトシリカ」などの土壌改良資材や堆肥に微生物資材を混ぜたものを鋤き込む

4月下旬
定植
植えつけ場所に500倍に希釈した「リフレッシュ」を注入

5月上旬
管理
水やり時に、1000倍に希釈した「リフレッシュ」を与える

5月末～11月上旬
収穫

11月上旬
収穫終了
霜に２回程度あたると収穫は終了

土壌改良のカギとなるのが、「ソフトシリカ」。天然の粘土で“魔法の白土”とも呼ばれる土壌改良資材

病原菌を抑制し根張りをよくする

神宮さんが使っている「ソフトシリカ」「リフレッシュ」はいずれも“珪酸塩白土”という粘土鉱物。不純イオンや不良ガスを吸着、分解して土や水を浄化する働きがあるほか、土壌酸度を整えたり、病原菌を抑制したりする効果があります。野菜の栽培に用いると根傷み、根腐れを防ぐことができ、根の張りが改善し、生長がよくなります。

土づくり時に、「ソフトシリカ」を完熟堆肥と混ぜて施すと土壌改良になり、病気の発生が抑えられます。とくに苗の保護や根腐れ防止を期待する場合は、苗づくりの用土や定植時の植え穴に施すとよいでしょう。その後の水やり時に規定倍率で溶かした「リフレッシュ」を用いるとミネラルの補給にもなります。

（注）「ソフトシリカ」（粒）、「リフレッシュ」（粉）は農業用の製品名。家庭菜園用は、それぞれ「ミリオン」（粒）、「ハイフレッシュ」（粉）。

コラム

連作障害対策に効果的な土壌改良資材

土壌改良資材にはさまざまなものがあります。
栽培している野菜の種類や発生しやすい病害虫を考えて、
目的に合ったものを選びましょう。

ネニソイル

アミノ酸などを分解・発酵するバシラスや、タンパク質などを分解・発酵するトリコデルマなどの有用な４種類の菌と、その餌を含む微生物資材。微生物相を活性化し、改善する効果がある。

問い合わせ先●
㈱加藤工業所 ☎0289-65-3121

Dr キンコン

根と共生し、広範囲からのリン酸やミネラルの吸収を助け、作物の生育をよくする菌根菌を含む資材。種まき時の培養土や定植時の植え穴に混ぜ込んで使う。

問い合わせ先●出光アグリ㈱ ☎03-6848-6183

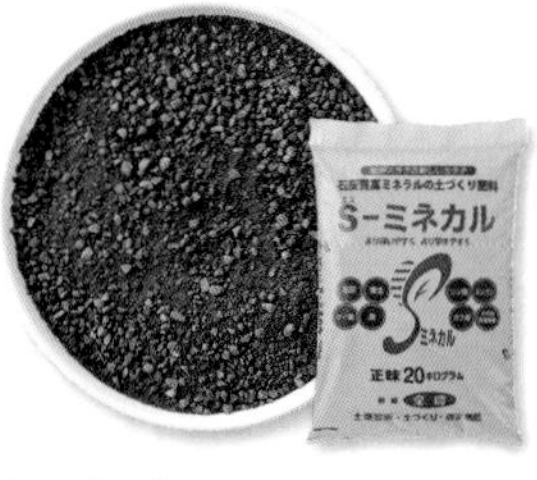

S−ミネカル

土壌酸性改良に有効な石灰資材"転炉スラグ"。カルシウムのほか、鉄などの微量要素を含む。土壌酸度を調整しつつ、微量要素の補給ができる。この製品は、扱いやすいよう加工したもの。

問い合わせ先●
産業振興㈱ ☎052-619-6216

カニ殻肥料

カニの殻を乾燥し粉砕したもの。キチン質が主な成分で、フザリウムが原因の病気を抑制する。窒素、リン酸分のほか、ミネラル、アミノ酸も含み、土壌の団粒化も促進する。この製品は、扱いやすいようペレット状に加工されたもの。

ミリオン(粒)

珪酸塩白土。主要成分はケイ酸で植物の体を丈夫にする。鉄やアルミニウム、カルシウムをはじめ、植物の生長に必要な微量成分を豊富に含む。根腐れ防止になり、有用微生物をふやす。

問い合わせ先●
ソフト・シリカ㈱ http://www.softsilica.com/

※一般店舗での扱いがない製品もあります。入手方法などは、各社にお問い合わせください。

プロの技を紹介！

連作できる土づくり

10年以上にわたって独自の方法で多品目の連作を実践してきた内田達也さん。現在は神奈川県平塚市で3haの有機栽培圃場を運営しています。ポイントは、裏作の選択と、粗大有機物を活用した土づくり。その方法を解説します。

土づくり
①

土の性質を3つの側面から把握する

内田さんは、畑の土の特性や環境に合った野菜を選ぶことで連作を可能にしています。しかし、家庭菜園では狭い畑で多品目を育てるのが普通。逆に野菜の種類に合わせて、作付け場所の土を改良することを考えます。

まず土の状態を物理性、化学性、生物性の3つの要素から把握し、欠けている要素を補うことで地力を高めます。物理性、生物性は、土づくりのときに緑肥作物や籾殻などの粗大有機物を鋤き込むことで高めることができます。粗大有機物の投入は線虫害の予防にも大きな効果があります。

化学性は窒素、リン酸、カリという肥料の三大要素に加え、微量要素（ミ

粗大有機物とは

有機資材のうち、野菜残渣や緑肥作物、稲わらや籾殻などの比較的大きくて、微生物による分解の進んでいないものを指す。

ハクサイとホウレンソウで手軽に土壌診断

ハクサイ　　**ホウレンソウ**

よく育つ

育たない

ハクサイが結球すれば地力は十分。結球しなければ、地力が低いので、土づくりのさいに肥料分を補う

ホウレンソウがよく育つ土の酸度はpH6.3～7.0とほぼ中性。よく育たないなら、土が酸性になっている可能性が高い。石灰分（アルカリ性）による酸度の調整が必要

畑の土の特性や環境に合った野菜を、毎年同じ畝で栽培する適地適作型の連作でカブ、ミズナ、キャベツなどが育つ。夏に緑肥作物のソルゴーを鋤き込んだだけの無肥料栽培

3つの性質からみた「よい土」

物理性

- 団粒構造が発達している
- 水はけがよく、水もちもよい
- 通気性がよい

化学性

- 土壌pHが適正
- 肥料もちがよい
- 肥料分がバランスよくある

生物性

多様な土壌生物、土壌微生物がバランスよく安定して生きている

ネラル）がバランスよく保たれ、栽培に適した酸度（pH）であることが欠かせません。正確には土壌分析が必要ですが、野菜の育ちぐあいや雑草の種類などから、おおまかな畑の状態はわかります。必要に応じて、堆肥や苦土石灰などを投入し、化学性を整えます。

うちだ・たつや　1976年東京都生まれ。有機農業の研修後、農業法人理事などを経て、現在は株式会社いかすで生産・農家サポート業務を担当。「サステナブル・アグリカルチャー・スクール」講師を務める。

土づくり ②

残渣や緑肥を鋤き込み 粗大有機物を補給する

内田さんの連作の特徴は、メインの野菜（表作）にたいして、裏作に相性のよい野菜や緑肥作物を育てること。表作も裏作も残渣（緑肥作物はすべて）は畑から持ち出さずに、鋤き込みます。

緑肥作物のソルゴーを細かく細断したもの。粗大有機物として畑に鋤き込むときは、穂が出始めて間もないとき（乳熟期）に行うとよい。炭素成分の割合が多く、土の団粒化を維持するのに役立つ

　これは、最初に畑の基盤として整えた土の物理性と生物性を維持するのが目的です。鋤き込んだ粗大有機物は土の中で微生物の餌になり、分解されて、団粒構造を保つうえで重要な腐植になります。有機物の分解や微生物による窒素固定などによって、年々、土は肥沃になっていきます。

　具体例としては、春植えキャベツとその裏作としての夏まきトウモロコシの組み合わせです。トウモロコシの残渣は地下部も含めると量が多く、翌年のための土づくりになります。またト

土も野菜も脱“メタボ”が大切

内田さんの育てるキャベツの葉はどれも肉厚。土の中の窒素成分が少なく炭素成分が多くなっているため、がっしりとした株に育ち、虫害がほとんどなくなる

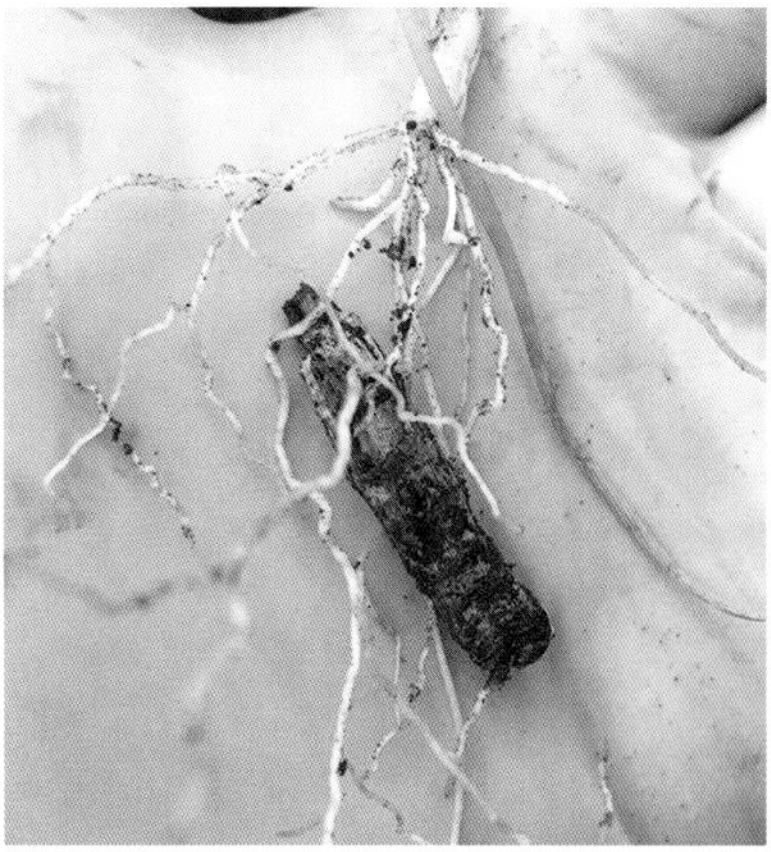

土の中の粗大有機物には、微生物が分解し生まれた養分を求めて、野菜の根が絡みつく

ウモロコシを春夏で育て、収穫後すぐに残渣を畑に鋤き込み、秋冬にキャベツを育てる方法もあります。トウモロコシの代わりに緑肥作物のソルゴーなども利用できます。

肥料を投入しないので、一般的な栽培と比べて窒素分は少なめですが、キャベツの葉色は薄すぎず、濃すぎずがベスト。養分過剰による「メタボ栽培」と比べると、病気や虫害なども発生せず、野菜の味もよくなります。

おすすめの緑肥はイネ科のエンバクかソルゴー

脱メタボの土づくりに緑肥作物を使う場合は、イネ科のエンバクかソルゴーがよい。マメ科の緑肥は土を肥沃にしすぎることがある。内田さんは、夏にはソルゴー、冬にはエンバクを使用。

エンバクはネグサレセンチュウを減らす『ヘイオーツ』、ソルゴーはネコブセンチュウの抑制効果がある『つちたろう』がおすすめ。

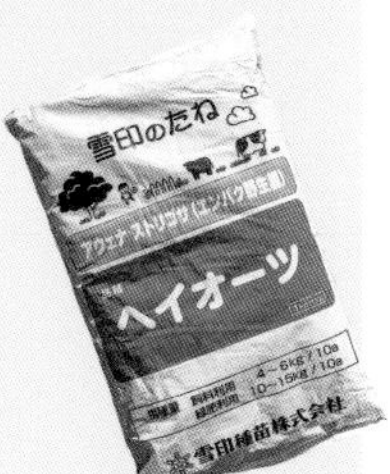

エンバクを使った土づくり

①冬に始めるなら、まずエンバクを栽培。種はばらまきでよい。緑肥が育つのに十分な地力がないと思われる場合は、堆肥を2kg/1㎡程度鋤き込む

②種をまき終わったら、レーキなどでならして、深さ3cm程度まで種を埋める

③草丈20〜30cm程度に伸びたら、刈り取って鋤き込む。写真では大型機械を使用しているが、鎌や押し切りなどで5cm程度に切って鋤き込めばよい

適度に湿った土に、粗大有機物を鋤き込み、透明マルチで覆う

土づくり ③

太陽熱処理で有機物の分解を早める

連作を始めて最初の1～2年は、粗大有機物を土に鋤き込んでも、ゆっくりとしか分解せず、長いあいだ原形をとどめていることがあります。そんなとき、分解を促進する方法の一つが太陽熱処理です。

夏の暑い時期の、適度に土が湿っているときに行います。野菜の残渣や緑肥、落ち葉、籾殻、わらなど、手に入りやすく、炭素成分の多い粗大有機物を1㎡当たり2kg程度、畑に鋤き込んで、畝を立てたあと、透明マルチを掛けて密封します。この状態で2か月程度、見守ります。

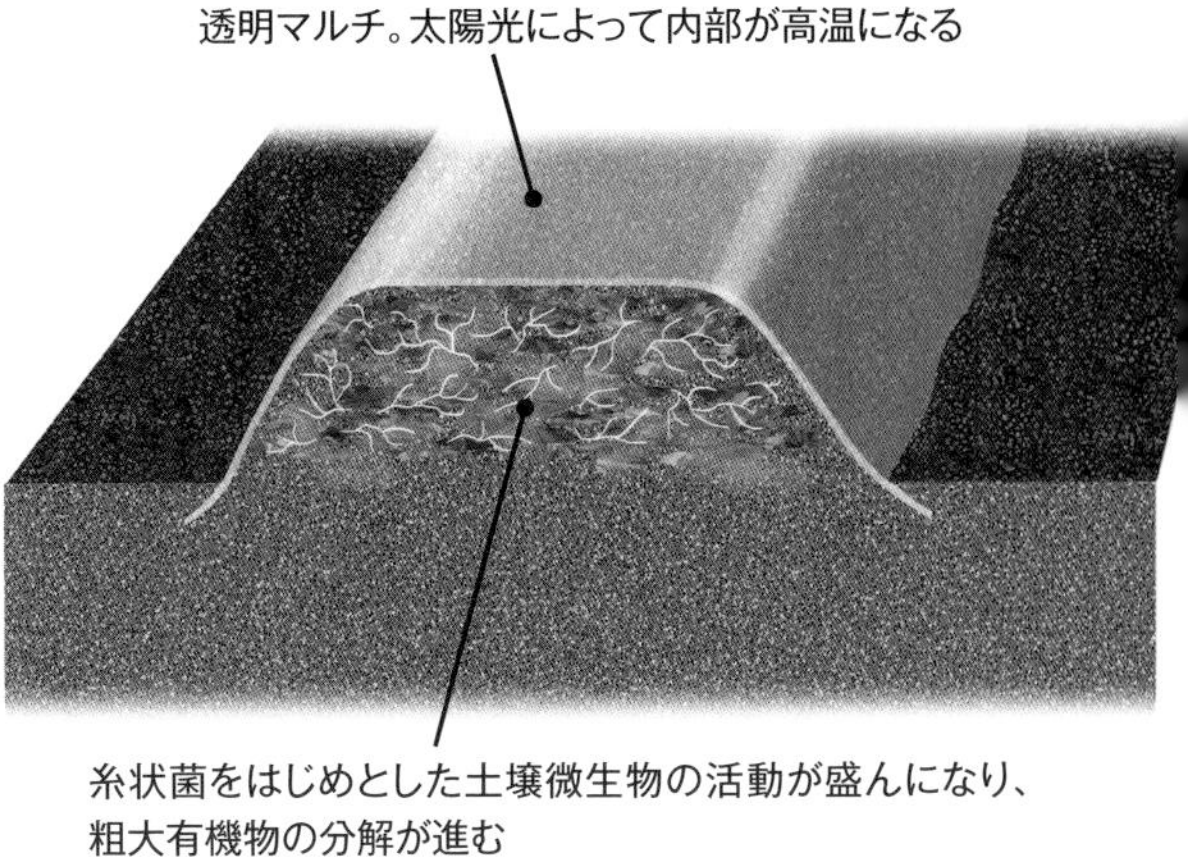

太陽熱処理により、高温で土中の病原菌や線虫、雑草の種が死滅するほか、窒素成分やリン酸成分が植物が吸収しやすい状態に変化するなどの効果もあります。なかでも内田さんは、地中深くまで土の団粒化が進むことに注目。糸状菌などの働きが活発になるためだと考えています。

失敗知らず
4つの連作パターン

内田さんが農場で試して、実証済みの連作パターンを4つご紹介します。作業時期などは、内田さんの圃場がある関東地方におけるものです。

パターン 1
トマトはアブラナ科と混植&リレー栽培で連作

ナス科の野菜は連作障害が起きやすいとされていますが、トマトはナスなどと比べると、はるかに連作は容易です。トマトの後作にエンバクを育てて鋤き込み、さらに翌年春にトマトの前作としてカブなどのアブラナ科を育てることで連作障害を防ぎます。

1年め、土づくりを終えたあと、4月下旬〜5月上旬にトマトの苗を植えつけます。8月中旬〜9月上旬に栽培を終えたら、残渣は畑から持ち出さず、短く切り刻んで、すべて畝に鋤き込みます。すぐに緑肥作物のエンバクの種をまき、11月下旬までに鋤き込みます。秋トマトを収穫する場合も、10月末には株を片づけ、残渣を鋤き込んだあと、すぐにエンバクをまきます。エンバクは発芽温度が低いので11月にも種がまけ、2月中旬までに鋤き込めます。カブの種まきは3月上旬です。

トマトの栽培中に病気が発生した場合、内田さんは株を丸ごと鋤き込んで、木酢液などをかけます。土の中で病原菌にたいする拮抗菌がふえて、病原菌の密度がしだいに下がっていきます。

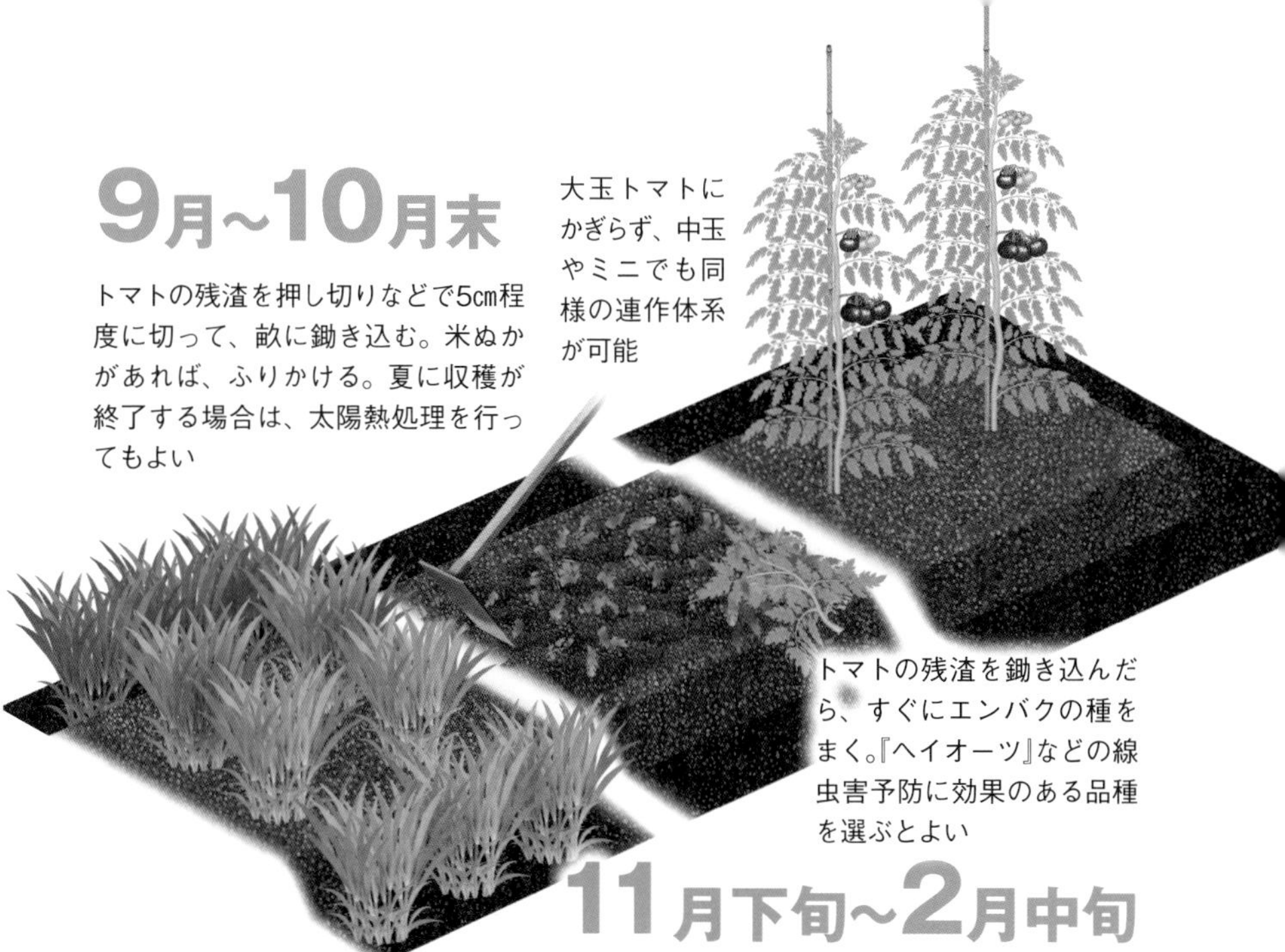

9月〜10月末

トマトの残渣を押し切りなどで5cm程度に切って、畝に鋤き込む。米ぬかがあれば、ふりかける。夏に収穫が終了する場合は、太陽熱処理を行ってもよい

大玉トマトにかぎらず、中玉やミニでも同様の連作体系が可能

トマトの残渣を鋤き込んだら、すぐにエンバクの種をまく。『ヘイオーツ』などの線虫害予防に効果のある品種を選ぶとよい

11月下旬〜2月中旬

エンバクを刈り取り、5cm程度に切って、畝に鋤き込む

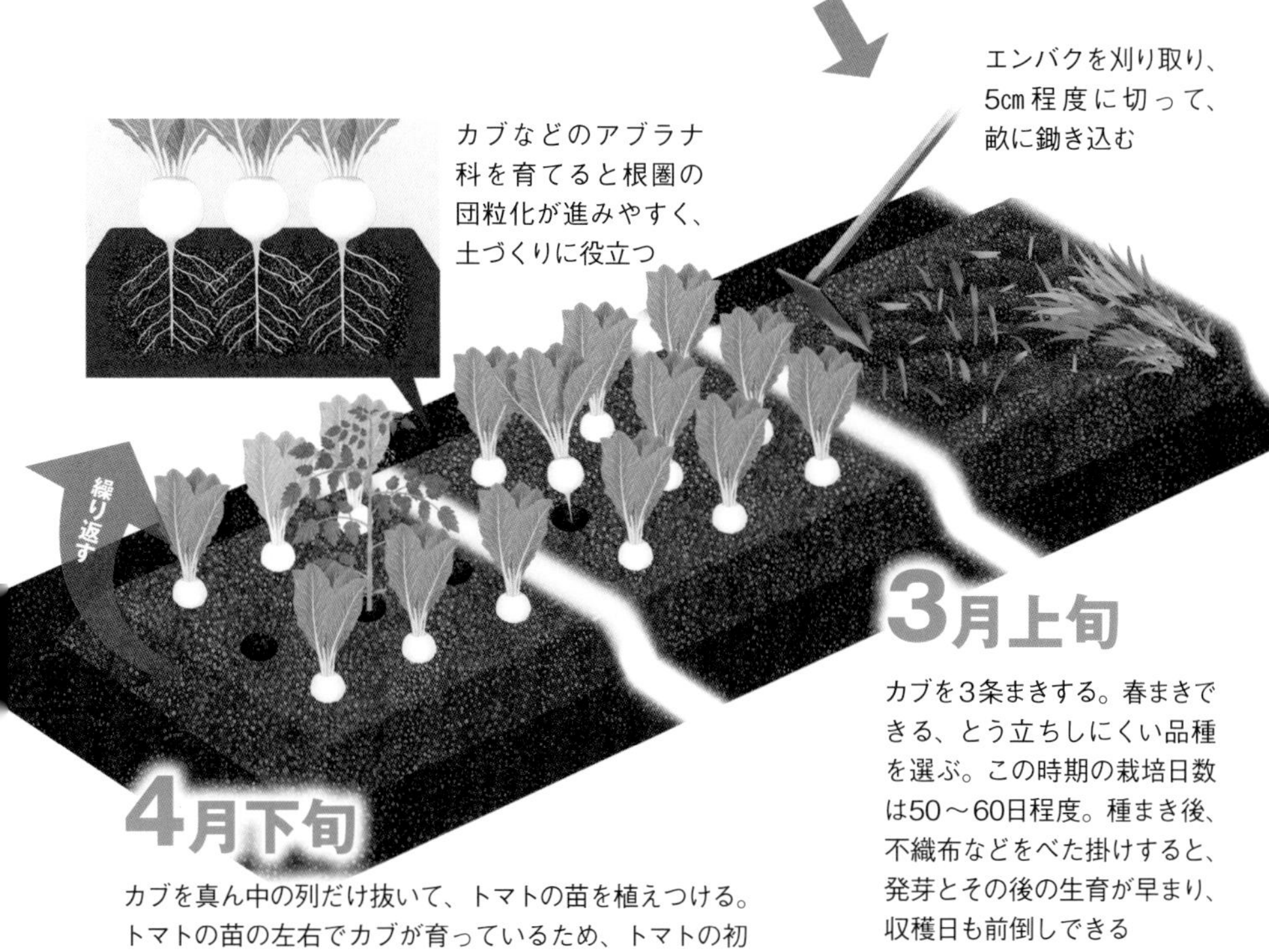

3月上旬

カブを3条まきする。春まきできる、とう立ちしにくい品種を選ぶ。この時期の栽培日数は50〜60日程度。種まき後、不織布などをべた掛けすると、発芽とその後の生育が早まり、収穫日も前倒しできる

カブなどのアブラナ科を育てると根圏の団粒化が進みやすく、土づくりに役立つ

4月下旬

カブを真ん中の列だけ抜いて、トマトの苗を植えつける。トマトの苗の左右でカブが育っているため、トマトの初期生育が抑えられ、トマトが暴れなくてすむ

パターン 2

キャベツの連作は裏作のイネ科で品質大幅アップ

甘くて機能性抜群のキャベツがとれる

キャベツの裏作としてイネ科の作物を育てます。エンバクやソルゴーなどの緑肥でもかまいませんが、トウモロコシを使えば、収穫もできて一石二鳥です。

裏作にイネ科作物を用いるのは、根張りの強さによる土の改良や団粒化、そして粗大有機物の確保が主な理由です。とくに見逃せないのが、イネ科の吸肥力です。

裏作の候補には、マメ科の緑肥であるクロタラリアなどもありますが、内田さんが試してみたところ、マメ科の根につく根粒菌によって、土中に窒素成分がふえて肥沃になったものの、肝心のキャベツの食味が落ちて、同時に害虫の発生もふえました。

そこで裏作をエンバクやソルゴーなどのイネ科の緑肥に替えたところ、土の中の窒素成分が減り、炭素成分がふえて、キャベツの食味は向上しました。

データ分析に出してみると、一般的なキャベツの平均と比較して糖度は1・7倍、抗酸化力は2・7倍、ビタミンC含有量は2・3倍に。苦みなどのもとになる硝酸イオンはわずか2割まで下がりました。

なお、キャベツの栽培は春と秋のどちらも行えるので、2畝で使い分けるとよいでしょう。

9月に植えつける秋キャベツには、4～5月にまく夏どりのトウモロコシを組み合わせるとよい

春キャベツは3月下旬～4月上旬植えで収穫は5～6月。7月中旬～8月上旬には秋どりのトウモロコシがまける

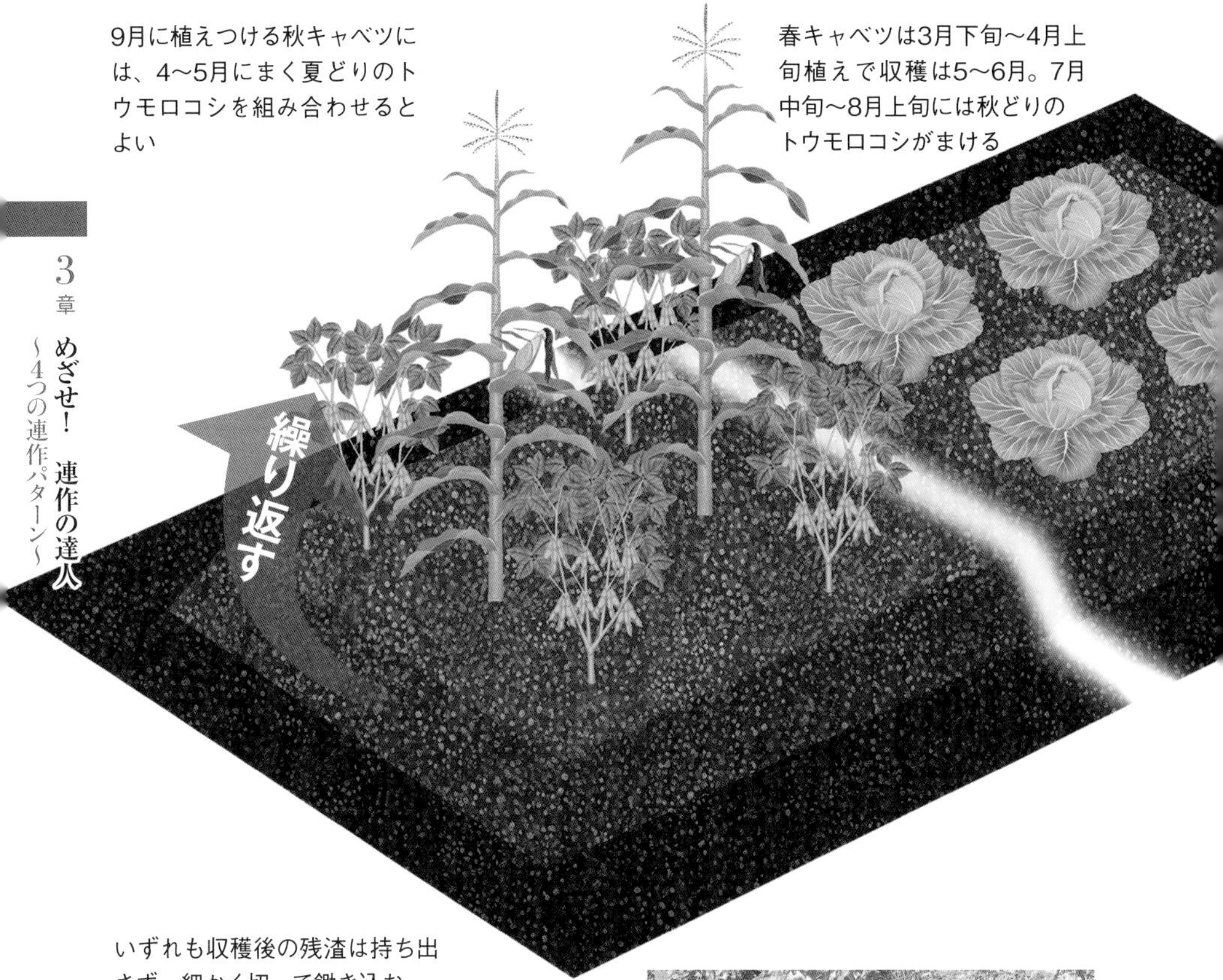

いずれも収穫後の残渣は持ち出さず、細かく切って鋤き込む

トウモロコシに、相性のよいエダマメが混植できる。トウモロコシは吸肥力が強いので、エダマメの根粒菌による土の肥沃化も防げ、キャベツには悪影響を及ぼさない。エダマメはトウモロコシと同時に種まきを行う

キャベツの苗をセルトレーの中であえて老化させ、炭素率を高める「スーパーセル苗」も有効。初期生育において、害虫の発生を抑えることができる

パターン 3

ダイコンは有機物を補給しながら年2作

イネ科緑肥を鋤き込む

　ダイコン、ニンジンは連作障害が比較的出にくく、連作向きの野菜といえます。連作を続けると、生育が旺盛になり、そろいがよくなります。また、また根や裂根が少なくなり、肌もきれいな良品がとれます。

　内田さんが実践するダイコンの連作体系は、秋ダイコンの後作にエンバク、春ダイコンの後作にソルゴーを組み合わせ、緑肥作物で有機物を補給しながら、年に2作行うものです。

　ダイコンの連作障害として、ネグサレセンチュウによる線虫害がありますが、裏作に『ヘイオーツ』など、エンバクの中でもネグサレセンチュウを減らすことのできる品種を用いることで予防できます。

　ソルゴーは、ネコブセンチュウの抑制効果がある『つちたろう』がおすすめです。いずれも緑肥は刈って鋤き込みます。

11月初旬
エンバクを11月初旬～中旬にまき、3月初旬～中旬に土に鋤き込む。通路にも種をまいてよい
9月初旬
秋ダイコンは9月初旬～中旬にまき、11月初旬～中旬に収穫する
4月下旬
春ダイコンは4月下旬～5月下旬にまき、6月下旬～7月下旬に収穫する
6月下旬
ソルゴーは6月下旬～7月下旬にまき、8月初旬～中旬に鋤き込む。通路にも種をまいてよい
繰り返す
※基本は秋冬ダイコンですが、春ダイコンで後作にエンバクを組み合わせる方法もあります

パターン 4

ニンジンは太陽熱処理を挟んで連作

7〜8月

品種や作型によって、まき時が前後する。5寸ニンジンの晩秋どりなら、7月中旬が代表的な作型。12〜翌年2月どりなら9月中旬までまける

11月〜翌年3月

エンバクとの組み合わせで線虫害も防げる

ニンジンも連作向きの種類です。ダイコンなどと同様にキタネグサレセンチュウによる線虫害が心配ですが、線虫の対抗植物であるエンバク『ヘイオーツ』の栽培と太陽熱処理で、じゅうぶん防ぐことができます。

夏まきニンジンは、まき時や品種によって、栽培日数が80〜120日と幅があります。

7月中旬の梅雨明け前後にニンジンをまくときは、エンバクを早めの6月には鋤き込んで、太陽熱処理を行う必要があります。8月中旬以降にまく場合は、その前の気温の高い時期に太陽熱処理を行えるため、土

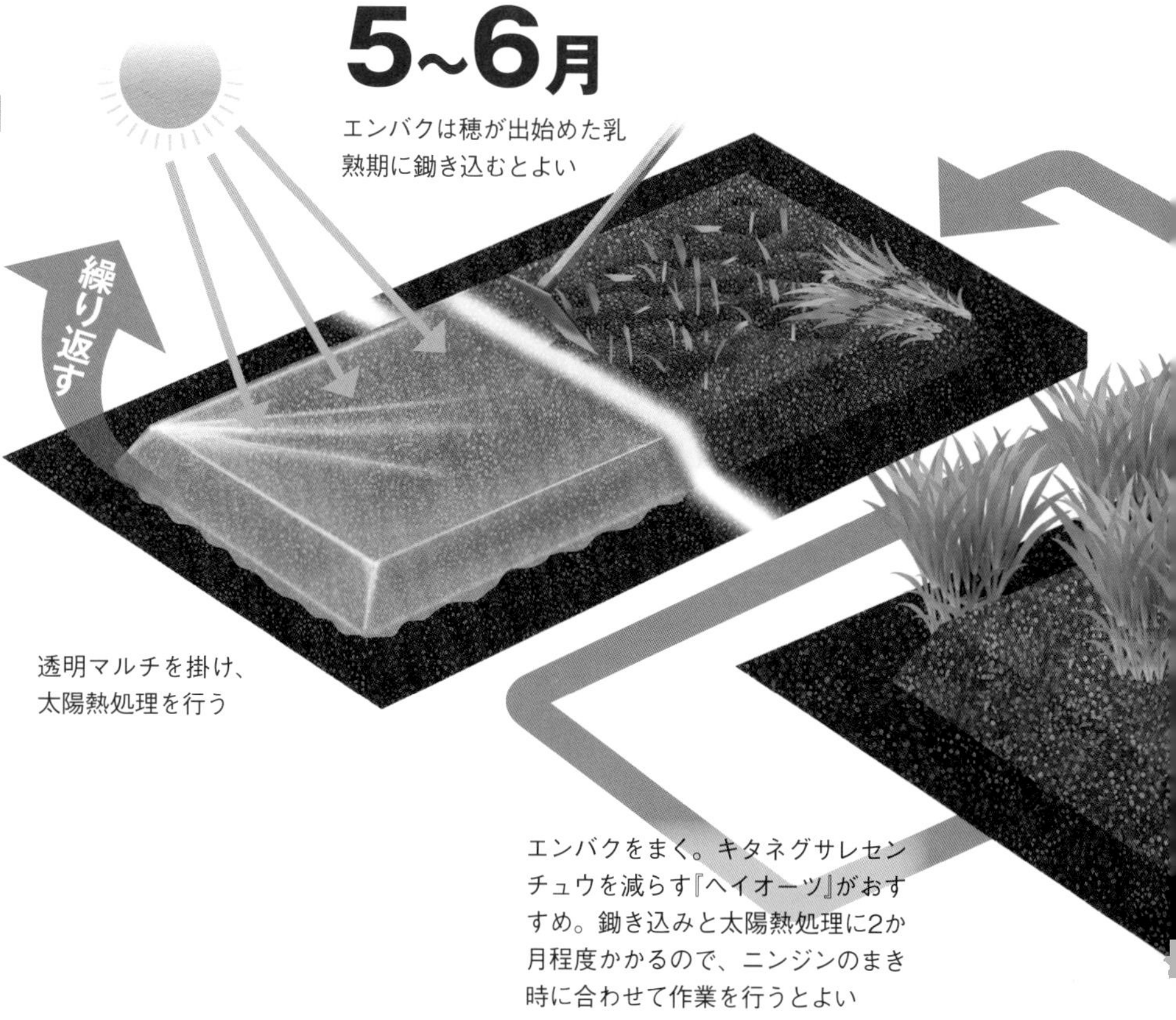

の団粒化が進み、より効果があります。

太陽熱処理も有効

また、ニンジンは雑草に悩まされがちですが、太陽熱処理による抑草効果は大いに役立ちます。

なお、春まきニンジンも連作できますが、夏の収穫後、緑肥作物を育ててからの太陽熱処理は気温が下がるため、あまり効果がありません。ニンジンを収穫したあと、8月下旬～9月に黒マルチを張り、土を養生させると団粒化が進み、同時に春の雑草も少なくなります。

野菜別

そのほかの連作障害の対処方法

1～3章で解説した以外の、野菜別の連作障害と対処方法を紹介しています。

＊印の参照ページは、同じ方法を別の野菜で紹介している場合です。

キュウリ、メロン、スイカ、カボチャなど

●うどんこ病（対処法→）バンカープランツ、草生栽培

葉の表面に小麦粉のような白い粉が吹き、葉が傷んで、生育が衰える。カビの一種が原因。通路でマルチムギ、エンバクなどを栽培する。これらにも別の種類のうどんこ病が発生するが、同時にうどんこ病菌にたいする菌寄生菌も増殖し、これがキュウリ、メロンなどのうどんこ病菌にも寄生する（＝バンカープランツ）。畑に生えるアカザ、オオバコなど、うどんこ病の発生しやすい雑草を生かしてもよい。

ジャガイモ、ナスなど

●ニジュウヤホシテントウ（対処法→）スイバなどの草生栽培

ニジュウヤホシテントウはテントウムシダマシとも呼ばれ、ジャガイモやナスの葉を食害する。連作により増加することがある。畑にスイバやギシギシを生やしたままにすると、天敵がふえて被害を抑えられる。

ピーマン、パプリカ

●モザイク病（対処法→）ナスタチウムの混植

葉が縮れたり、実が奇形になったりする。主にアブラムシ類が媒介するウイルスが原因。汚染株に使用したハサミなどの道具で媒介されることも。数株ごとの間隔で周囲にナスタチウム（キンレンカ）を植えつける。アブラムシの天敵がふえて、発生が抑えられる。使用した道具の消毒も効果的。

トウモロコシ

●アワノメイガ（対処法→）雄花切除

アワノメイガは雄花の開花とともに飛来し、産卵する。雄花は受粉に必要な8～10本に1本程度を残し、ほかはすべて切り除くと被害が低減される。

●倒伏細菌病（対処法→）間引きと土寄せなど

梅雨時期に多く、葉鞘などが茶色くなり腐敗し倒れる。細菌が原因で、残渣や種子から伝染する。2～3粒まきで間引きし、土寄せして草勢を強くし、病気に負けない健全な株を育てる。

エダマメ、ダイズ

●紫斑《しはん》病（対処法→）種の選別

紫斑病菌の菌糸がついた種をまくことで伝染する。子葉が落ちやすく、本葉やさやにも病斑が出る。自家採種では注意して種を選り分け、表

面が紫色のものは捨てて、まかないこと。

●**黒根腐病**（対処法→）**高畝栽培**

葉が黄色くなって枯れ、株元付近の茎から根までが黒くなり、すぐに抜ける。カビの一種が原因。水はけの悪い場所で連作すると多発するので、高畝にして栽培する。

＊高畝栽培 →74ページ

エンドウ

●**うどんこ病**（対処法→）**ムギ類を草生栽培**

キュウリなどの場合と同様、草生栽培でうどんこ病菌にたいする菌寄生菌を増殖させる。ただし、晩秋まきの場合、越冬栽培をするので、この時期にまけるオオムギやエンバクなどを周囲で栽培。オオバコやホトケノザ、オドリコソウなど冬から春の雑草を生かす方法もある。秋の土づくり時にエンバクなどを事前に育て、鋤き込んでもよい。

●**茎えそ病**（対処法→）**高畝栽培**

つるの上部から縮れたようになり、茎が黄色くなり、やがて株全体が枯れる。土の中の特定のカビが媒介するウイルスが原因。高畝で水はけをよくして栽培する。

＊高畝栽培 →74ページ

インゲン

●**根腐病**（対処法→）**バイオフューミゲーション**

葉が黄色くなり、生育が衰える。根は褐色になり、細根が落ちる。カビが原因。連作すると、根に共生する根粒菌によって土が肥沃化して発生しやすくなる。前作にエンバクなど吸肥力の強いムギ類の緑肥を栽培して肥沃化を防ぐ。発生がひどくなったら、カラシナなどを育て鋤き込んで、揮発性の辛み成分で消毒（生物的くん蒸＝バイオフューミゲーション）。

＊バイオフューミゲーション →52ページ

ソラマメ

●**モザイク病**（対処法→）**頂部カットなどアブラムシ対策**

葉にモザイク状の緑色の濃淡が現れ、生育が衰える。ウイルスによるもので、ほとんどの場合がアブラムシによる媒介。それ以外では種子から伝染することもある。草丈が高くなったら、アブラムシの集まりやすい茎の先端部分を切る。また、周囲にムギ類を育てて、益虫のバンカープランツに。

●**えそモザイク病**（対処法→）**アブラムシ対策と土づくり**

葉に褐色の斑点ができて縮れ、葉脈は壊死し、株が枯れる。ウイルスによるもので、アブラムシによる媒介のほか、土壌からも伝染する。右記のモザイク病と同様に、アブラムシ対策とともに土づくりを徹底する。

イチゴ

●**萎黄病**（対処法→）**健全な子株採りと育苗**

新葉の3小葉のうち1～2小葉が巻いて変形。黄色くなり、ひどくなると枯死する。カビが原因で土壌伝染するので、土づくりに気を配る。また、親株から子株に伝染するため、健全な子株を採る。親株からランナーが伸びて3番め以降の子株を、清潔な土を入れたポリポットに根づかせて育苗する。

●**炭疽病**（対処法→）**子株採りと高畝、浅植え**

葉に黒い斑点ができ、いじけたようになり、枯れる場合もある。カビの一種が原因。泥跳ねなどで伝染するので、子株採りはマルチ、雨よけをする。苗の植えつけは高畝で浅植えにし、生長点に感染させない。

＊マルチ栽培 →64ページ
＊雨よけ栽培 →98ページ
＊高畝栽培 →74ページ

ホウレンソウ

●**べと病**（対処法→）**防風対策、苗の植えつけ**

秋に気温が下がってくると発生。風で運ばれたカビの胞子が、葉の上の水滴につくなどして感染。風対策として、防虫ネットや寒冷紗をトンネル掛けするほか、周囲に防風のための障壁作物（ソルゴー、エンバクなど）を栽培する。本葉4枚まで育苗後、植えつけするのも効果的。

キャベツ

●萎黄病（対処法→）抵抗性品種を活用

高温期の栽培で発生。下葉から黄色くなって落ち、ひどくなると枯死する。カビの一種が原因。「YR」の表示のある抵抗性品種を利用する。

＊抵抗性品種 →36ページ

●鱗翅目害虫（対処法→）コンパニオンプランツの活用

モンシロチョウ、コナガ、ヨトウムシなどの幼虫による食害がある。成虫が忌避するキク科のリーフレタスとの混植により、被害が抑えられる。アブラムシにも効果がある。コマツナやブロッコリーも同様。

＊コンパニオンプランツ →61ページ

ネギ

●黒腐菌核病、萎ちょう病、さび病（対処法→）健全な苗づくりと土寄せ

いずれも健全な苗づくりと適切な土寄せが大事。育苗や植えつけ後に敷きわらや籾殻マルチを行うと、どちらにもケイ素が多く含まれているため、それが分解されることでネギに吸収され、丈夫に育つ。前作にソルゴーなどを育て、鋤き込んでもよい。

タマネギ

●スリップス、アブラムシ（対処法→）クリムソンクローバーの混植

スリップやアブラムシが葉について養分を吸い、生育が悪くなる。おとり植物、および益虫のバンカープランツとして、周囲にクリムソンクローバーを混植する。

ラッキョウ、ニラ

●乾腐病、ネダニ（対処法→）温湯で消毒

乾腐病菌、ネダニともに種球に付着している。鱗茎を掘り上げたら乾燥させて、休眠に入る5日ほどの間に、正確に50℃の温湯に1時間浸して消毒。風通しのよい日陰でよく乾かして保存する。

●黒腐菌核病（対処法→）水はけの改善

酸性で水はけの悪い畑で発生しやすい。土づくり時に酸度調整し、明渠などの整備や高畝などで水はけの改善を図る。線虫の防除を兼ねて、種球の植えつけ前に深根性の緑肥のクロタラリアを栽培し鋤き込むとよい。砂質土など、適地での作付けが大事。

＊水はけの改善 →32ページ

レタス

●腐敗病（対処法→）雨よけ、霜よけ栽培

結球レタスの内部の葉が茶色く腐敗する。細菌が原因で、夏の高温期や冬のトンネル栽培などの多湿の環境で発生する。葉に雨を当てないようビニールトンネルとマルチを使用。トンネルは裾を上げて通風を図る。冬は霜で傷んだ葉から被害が拡大するので、同様にトンネルで保温。晴天の日は蒸れないように密閉は避け、一定の風通しも確保する。

＊雨よけ栽培 →98ページ

ダイコン

●萎黄病（対処法→）抵抗性品種、間引き

葉が外側から黄色くなり、枯れて落ちる。根の断面を見ると、維管束の部分が木質化する。カビが原因。抵抗性品種がある。種まきでは3～5粒をまき、本葉が1～2枚で3株、4～5枚で2株、7～8枚で1株にする。生育が悪いものや病変らしき症状が見られるものは間引き、強い健全な株を残す。

＊抵抗性品種 →36ページ

ニンジン

●線虫類、ネキリムシなど（対処法→）土づくり、間引きなど

連作によりネコブセンチュウ、ネグサレセンチュウが発生しやすい。また、ネキリムシがふえることもある。ニンジンの栽培には多くの肥料分は不要。砂質土などを選んで、未熟な有機物は施さず、完熟堆肥などで土づくり。長めの4週間をおいて栽培開始することで線虫害を減らせる。条まきで本葉2～3枚で株間3cm、草丈4～5cmで株間5～6cm、根の太さ5cmで株間10～12cmに。競い合わせつつ適切に株間を保つことで、病虫害に強く健全に育つ。

サツマイモ

●つる割病（対処法→）ハードニング処理、ムギ類の混植

葉が黄変して枯れ、茎の地際部が縦に裂けて「つる割れ」の状態になり、イモが育たなくなる。カビの一種が原因で、植えつけ直後1週間程度のあいだに苗に感染する。さし穂用のつるは数日間、明るい日陰において切り口を乾かし、ややしなびさせる（ハードニング処理）と、植えつけ後、発根の勢いが増して、感染の機会を減らせる。また、エンバクやマルチムギなどを先にまき、そこに挿し穂を植えつける。余分な養分を吸収してつるぼけを防ぐほか、マルチ代わりになり、夏過ぎには枯れて分解し、土壌生物相を豊かにする。

サトイモ

●黒斑病（対処法→）種イモの選抜と水はけ対策、ショウガの混植

葉に黒褐色の斑点ができ、生育不良になる。カビの一種が原因。健全な種イモを使用。明渠などを整備して水はけをよくし、高畝にして、株元は敷きわらなどで泥跳ねを抑える。南北畝なら株間、東西畝なら陰になる北側にショウガを混植。マルチ代わりになると同時に、ショウガの殺菌効果で病原菌を減らす。

＊水はけの改善 →32ページ
＊高畝栽培 →74ページ
＊敷きわら →84ページ

コンニャクイモ

●乾腐病、根腐病、軟腐病（対処法→）種イモの選抜と水はけ対策、エンバクの混植

乾腐病、根腐病はカビが、軟腐病（腐敗病）は細菌が原因。乾腐病、軟腐病は土壌からだけでなく種イモからも伝染する。健全な種イモを選び、植えつける。また、水はけの悪い場所で多発するため、明渠などを整備。定植後にグリーンマルチとしてエンバクをまくと、エンバクの根から出るアベナシンの効果により病原菌が減る。

＊エンバクの混植 →91ページ

●白絹病（対処法→）菌寄生菌をふやす

茎のつけ根がじくじくと水にぬれたようになり、白い菌核ができる。葉柄が腐敗し、倒れて枯れる。土の中のカビの一種が原因。敷きわらをし、米ぬかをまいて、200倍に水で薄めた木酢液で菌寄生菌のトリコデルマをふやす。

＊敷きわら →84ページ

ショウガ

●根茎腐敗病（対処法→）種ショウガの選別、明渠の整備、敷きわら

地際がぬれたようになり、腐敗し倒れて枯れる。カビの一種が原因。種ショウガから伝染するので健全なものを使う。また土壌からも伝染する。明渠を整備し、水はけをよくし、敷きわらで保湿。わらにはセルロースが多く、これを分解するのが得意な菌がふえ、病原菌の細胞膜も分解。わらのケイ素もショウガの茎を強くする。

＊水はけの改善 →32ページ
＊敷きわら →84ページ

●アワノメイガ（対処法→）障壁作物

周囲にソルゴー、デントコーンなど、草丈の高い緑肥作物を障壁作物として育て、害虫の飛来を防ぐ。

野菜別の連作障害対処一覧表

この本で紹介している野菜別の連作障害の対処方法を、
一覧にまとめました。

科名	野菜名	連作障害の病害虫名	主な対策
ナス科	**トマト**	萎ちょう病／半身萎ちょう病	抵抗性台木(p.76)／ニラ混植(p.63)／バイオフューミゲーション(p.52)／土壌還元消毒(p.49)／太陽熱処理(p.126、143)／胚軸切断挿し木(p.86)／土壌改良資材(p.56)
	ナス	青枯病／半身萎ちょう病／ニジュウヤホシテントウ	抵抗性台木(p.76)／長ネギ混植(p.80)／土壌還元消毒(p.49)／落ち葉床(p.78)／胚軸切断挿し木(p.86)／高畝栽培(p.74)／草生栽培(p.152)／土壌改良資材(p.56)
	ピーマン・パプリカ	疫病／斑点細菌病／モザイク病	雨よけ栽培(p.98)／ラッカセイの混植(p.70)／ナスタチウムの混植(p.152)／抵抗性台木(p.76)
ウリ科	**キュウリ**	つる割病／うどんこ病／べと病／ネコブセンチュウ	抵抗性台木(p.76)／長ネギ混植(p.80)／米ぬか処理(p.48)／敷きわら(p.84)／太陽熱処理(p.126、143)／土壌還元消毒(p.49)／バンカープランツ(p.152)／草生栽培(p.152)
	スイカ	つる割病／うどんこ病	抵抗性台木(p.76)／長ネギ混植(p.80)／土壌改良資材(p.56)／バンカープランツ(p.152)／草生栽培(p.152)

科名	野菜名	連作障害の病害虫名	主な対策
ウリ科	**メロン**	つる枯病／つる割病／うどんこ病／ネコブセンチュウ／アブラムシ	抵抗性台木(p.76)／長ネギ混植(p.80)／太陽熱処理(p.126、143)／土壌還元消毒(p.49)／バンカープランツ(p.152)／草生栽培(p.152)
	カボチャ	疫病／うどんこ病／ネコブセンチュウ	バンカープランツ(p.152)／ムギの草生栽培(p.152)
イネ科	**トウモロコシ**	倒伏細菌病／アワノメイガ	間引きと土寄せ(p.152)／雄花切除(p.152)
マメ科	**エダマメ(ダイズ)**	黒根腐病／シストセンチュウ／マメシンクイ／紫斑病／カメムシ類	高畝栽培(p.153)／播種方法(p.88)／種の選別(p.152)
	エンドウ	つる枯細菌病／根腐病／茎えそ病／うどんこ病	高畝栽培(p.153)／栽培管理(p.90)／太陽熱処理(p.126、143)／土壌還元消毒(p.49)／草生栽培(p.153)
	インゲン	根腐病／アブラムシ／ハダニ類	バイオフューミゲーション(p.153)／太陽熱処理(p.126、143)／バンカープランツ(p.152)
	ソラマメ	えそモザイク病／モザイク病	アブラムシ対策(p.153)／頂部カット(p.153)
アオイ科	**オクラ**	立枯病	土壌改良資材(p.56)／落ち葉床(p.78)

科名	野菜名	連作障害の病害虫名	主な対策
バラ科	**イチゴ**	萎黄病／炭疽病／うどんこ病／ハダニ／アブラムシ	長ネギ混植(p.80)／高畝栽培(p.153)／健全な子株採りと育苗(p.153)／浅植え(p.153)
ヒユ科	**ホウレンソウ**	萎ちょう病／べと病	葉ネギ混植(p.80)／バイオフューミゲーション(p.52)／土壌還元消毒(p.49)／太陽熱処理(p.126、143)／防風対策・苗の植えつけ(p.153)／雨よけ(p.98)／土壌改良資材(p.56)
アブラナ科	**コマツナ**	根こぶ病／白さび病／鱗翅目害虫	コーラル(p.56)／土壌還元消毒(p.49)／転炉スラグ(p.56)／コンパニオンプランツ(p.154)
	キャベツ	根こぶ病／鱗翅目害虫／萎黄病	おとり植物(ダイコン)(p.54)／胚軸切断挿し木(p.86)／コーラル(p.56)／高畝栽培(p.74)／土壌改良資材(p.56)／抵抗性品種(p.154)／コンパニオンプランツ(p.154)
	ブロッコリー	根こぶ病／鱗翅目害虫	高畝栽培(p.74)／コーラル(p.56)／コンパニオンプランツ(p.154)
ヒガンバナ科	**ネギ**	黒腐菌核病／萎ちょう病／さび病	健全な苗づくりと土寄せ(p.154)／土寄せ・敷きわら(p.84)
	タマネギ	乾腐病／スリップス／アブラムシ	クリムソンクローバーの混植(p.154)
	ラッキョウ	乾腐病／ネダニ／線虫類／黒腐菌核病	温湯消毒(p.154)／水はけの改善(p.154)

科名	野菜名	連作障害の病害虫名	主な対策
ヒガンバナ科	**ニラ**	乾腐病／黒腐菌核病／白絹病／ネダニ	種球の選抜・湯温消毒(p.154)／水はけの改善(p.154)
	ニンニク	乾腐病／紅色春腐病	つるつる植え(p.112)
キク科	**レタス**	腐敗病	雨よけ栽培(p.154)／霜よけ(p.154)
アブラナ科	**ダイコン**	萎黄病／ネグサレセンチュウ	マリーゴールド(p.82)／抵抗性品種(p.154)／間引き(p.154)／土壌改良資材(p.56)
セリ科	**ニンジン**	線虫類／ネキリムシ	土づくり・間引き(p.154)／ソルゴー(p.140)
ヒルガオ科	**サツマイモ**	つる割病	ハードニング処理(p.155)／ムギ類の混植(p.155)
ナス科	**ジャガイモ**	そうか病／疫病／ニジュウヤホシテントウ	土壌改良資材(p.56)／逆さ植え(p.102)／種イモのゴロゴロ植え(p.100、120)／草生栽培(p.152)
サトイモ科	**サトイモ**	乾腐病／黒斑病	種イモの選抜(p.155)／逆さ植え(p.102)／ショウガの混植(p.155)
	コンニャクイモ	乾腐病／根腐病／軟腐病／白絹病	エンバクの混植、敷きわら(p.155)／種イモの選抜と水はけ対策(p.155)
ショウガ科	**ショウガ**	根茎腐敗病／アワノメイガ	敷きわら(p.155)／水はけの改善(p.155)／種ショウガの選別(p.155)／障壁作物(p.155)

木嶋利男（きじま・としお）

1948年、栃木県生まれ。東京大学農学博士。栃木県農業試験場生物工学部長、自然農法大学校長を経て、現在はMOA自然農法文化事業団理事。科学技術庁長官賞、全国農業試験場会長賞などを受賞。有機農業・伝承農法などの研究・実証を行っている。著書に『伝承農法を活かす家庭菜園の科学』（講談社ブルーバックス）、『増補改訂版 伝承農法を活かす マンガでわかる家庭菜園の裏ワザ』『伝承農法を活かす 野菜の植えつけと種まきの裏ワザ』『野菜の品質・収量アップ 連作のすすめ』『育ちがよくなる！ 病害虫に強くなる！ 植え合わせワザ88 決定版コンパニオンプランツの野菜づくり』『昔農家に教わる野菜づくりの知恵とワザ』（いずれも家の光協会）などがある。

編集協力　三好正人
監修（p.138～151）　内田達也
イラスト　山田博之
写真　米山伸吾　新井眞一　高橋 稔　若林勇人
瀧岡健太郎　鈴木 誠　廣井 禎　家の光写真部
デザイン・DTP制作　明昌堂
校正　佐藤博子

狭い畑で病害虫を防ぎ 品質・収量アップ
連作でよく育つ野菜づくり

2021年1月20日　第1刷発行
2024年4月20日　第6刷発行

著　者　木嶋利男
発行者　木下春雄
発行所　一般社団法人 家の光協会
〒162-8448　東京都新宿区市谷船河原町11
電話　03-3266-9029（販売）
03-3266-9028（編集）
振替　00150-1-4724
印刷・製本　大日本印刷株式会社

ISBN 978-4-259-56673-9 C0061